U0900592

GREAT BRAND BLUNDERS

经济与法译丛

GREAT BRAND BLUNDERS

伟大品牌的重大错误

（英）罗伯·格瑞（Rob Gray） 著

甄杰 杨佳锋 译

化学工业出版社

·北京·

本书是一本分析研究品牌市场营销失败案例的著作，而且这些失败基本上都是诸多伟大的品牌公司如可口可乐、麦当劳、苹果、星巴克等所犯下的重大错误，由此完美地诠释了“研究别人的失败比成功更有意义”这样的真知灼见。

本书的内容涉及市场营销的各个主要方面，包括营销策略、促销活动、社会媒体营销、新品发布、公共场所秀、品牌重塑、做假及盗用品牌授权、市场定位失误、品牌延伸、跨文化营销以及180度战略调整。

本书内容的丰富不仅体现在它囊括了175个市场营销的失败案例，而且还插入了若干鼓舞人心的辉煌案例，这些大大小小的案例横跨欧洲、北美、南美、亚洲、非洲和澳大利亚，既有传统的经典内容，也反映了近年来社交媒体平台所引发和放大的最新话题。本书不仅对著名公司愚蠢的决策和营销活动进行了深入剖析，而且还提供了实用高效的营销窍门，帮助我们预测失败、探明方向。

作者以讲故事的叙述风格，将严谨的逻辑和抽象的理论通俗易懂地呈献给读者，大大提高了本书的可读性和价值，是各类公司各级管理人员不可多得的指导性读物。

ISBN 978-1-78059-229-9
GREAT BRAND BLUNDERS © 2014 Rob Gray.
Original English language edition published by Crimson Publishing Limited, 19-21c Charles Street, Bath BA1 1HX, GREAT BRITAIN.,
The right of Rob Gray to be identified as the authors of this work has been asserted by them in accordance with the Copyright, Designs and Patents Act, 1988. All rights reserved.
本书中文简体字版由 Crimson Publishing; New edition 授权化学工业出版社独家出版发行。
本版本仅限在中国内地（不包括中国台湾地区和香港、澳门特别行政区）销售，不得销往中国以外的其他地区。未经许可，不得以任何方式复制或抄袭本书的任何部分，违者必究。

北京市版权局著作权合同登记号：01-2015-8015

图书在版编目（CIP）数据

伟大品牌的重大错误 /（英）罗伯·格瑞（Rob Gray）著；甄杰，杨佳锋译. —北京：化学工业出版社，2018. 11
（经济与法译丛）
书名原文：GREAT BRAND BLUNDERS
ISBN 978-7-122-32969-1

Ⅰ. ①伟… Ⅱ. ①罗…②甄…③杨… Ⅲ. ①品牌营销-案例 Ⅳ. ①F713. 3

中国版本图书馆CIP数据核字（2018）第207322号

责任编辑：刘立梅　　装帧设计：王晓宇
责任校对：边　涛

出版发行：化学工业出版社（北京市东城区青年湖南街13号　邮政编码100011）
印　　装：北京新华印刷有限公司
880mm×1230mm　1/32　印张$7^1/_2$　字数172千字　2018年11月北京第1版第1次印刷

购书咨询：010-64518888　　售后服务：010-64518899
网　　址：http://www.cip.com.cn
凡购买本书，如有缺损质量问题，本社销售中心负责调换。

定　　价：56.00元　版权所有　违者必究

献给我的妻子金妮（Ginny），她活泼、忠诚、迁就于我，有着感染力极强的趣味感，让我在一定程度上相信，除了“愚笨犯错”还有那么多更加美好的东西。

●○《经济与法译丛》序

几易寒暑，华东政法大学产业经济学学科组的教师们不畏艰辛，学校085项目施以援手，化学工业出版社鼎力相助，终于如愿以偿地拿出了一系列较高质量的译著成果：《经济与法译丛》。

早在10年前，我们就有心出一套《法经济学系列译丛》，展示华东政法大学产业经济学学科特色：经济与法的融合；2014年，在复旦大学出版社的帮助下，学科组成员共同努力，推出了《法经济学系列译丛》，夙愿得偿。如今，《经济与法译丛》又即将付梓，学科组成员欣喜而又忐忑地面对即将降生的成果。

总体而言，这套译丛体现了两个方面的内容：一是经济学相关译著共四种，包括《计量经济学：直觉、证明与实践》《基于EXCEL的数据分析建模和模拟》《在全球性组织中领导文化变革》《伟大品牌的重大错误》等；二是法学相关译著共两种：《金砖国家对外直接投资》《监管与诉讼》。

2001年，前高盛经济学家吉姆·奥尼尔（Jim O'Neill）首次提出了金砖四国（巴西、俄罗斯、印度和中国）这个概念；2010年又有南非加入，现为金砖五国。长期以来，金砖五国经济增长一直领跑世界，尤其是中国和印度。作为全球经济增长的引擎，其经济增长所带来的巨量过剩资本如何在境外高效投资本身并非易事，加之金砖国家匮乏的国际法律人才，使其境外投资更显得难上加难。目前关涉国际投资的国际法体系尚不完善，如何保护海外投资，使海外投资符合被投资国家的法律，已经成为金砖国家走出去必须面对的第一道门槛。《金砖国家对外直接投资》以此为切入点，重点阐述了金砖国家在国际直接投资领域和世界其他国家与国际组织所签订的双边与多边投资保护条约，提出了构建一个广泛的多边直接投资保护协定设想。该投资保护协定涵盖投资保护条款、例外条款、仲裁机制等诸多方面，它既是金砖国家走出去较好的法律读本，也是国际法，尤其是国际投资法未来改革发展的方向。

在《在全球性组织中领导文化变革》译著中，以全球知名跨国公司如GT汽车、通用电气、中国医疗集团、淡水河谷、达美乐、瑞士再保险和普莱银行等为案例，形象直观地阐述文化对企业发展的驱动作用，尤其体现在战略设定和策略选择上。当然，著作也向读者展示了跨国大公司文化变化的困境。读来如身临其境，回味无穷。

计量经济学在我国的发展不过三十多年，教育部将它作为经济学8门共同核心课程也才十多年，但计量经济学对于经济学的发展作用毋庸置疑。一旦谈起计量经济学，大多数接触过它的读者都会因其艰深难懂避而远之。即使是我国学术界使用频率较高的伍德里奇的《计量经济学导论》和古扎拉蒂的《计量经济学基础》，它们一样让人望而却步。《计量经济学：直觉、证明与实践》这本书虽然也一样深奥，但是它与一般的计量经济学书籍又有些不同。它重点阐述计量经济学模型的直观含义，尤其强调以实例为基础，通过实例应用让读者方便掌握计量经济学的基本模型，并由此享受计量经济学所带来的乐趣。

说起Excel，说不知道的人应该不多了。介绍Excel操作的书籍汗牛充栋。《基于EXCEL的数据分析建模和模拟》一书的特点在于它不仅介绍了如何运用Excel进行数据分析，而且是以现实问题为背景，如损益表问题、抵押贷款利率的计算问题，甚至约克河考古预算问题，告诉你如何针对上述问题进行建模、分析，进行实际问题的解决。更难得的是，这本书异常通俗。

品牌是什么？现代营销之父科特勒认为，品牌是销售者向购买者长期提供的一组特定的特点、利益和服务。它是一种能带来价值增值的无形资产。企业的发展离不开品牌。但是，如何树立品牌、经营品牌又是任何一个走向百年企业必须跨过去的槛。《伟大品牌的重大错误》就是一个分析品牌失败的书。从蹩脚的广告到荒谬的品牌延伸，从被误导的促销活动到考虑不周全的社交媒体运作，形形色色的品牌失败案例全方位、多角度展现在读者面前。失败是成功之母，读者从此书中将获益良多。

一般来说，市场失灵就需要政府来规制。但政府规制有两种方法：一种是由行政部门来制定具体规定对市场主体进行管理；另一种是由法院通过诉讼来对市场主体进行管理。到底哪个方法更管用，更有效率呢？《监管与诉讼》这本书汇集了当今一些著名的监管经济学家和法经济学家对监管与诉讼的一些著名观点。

这套书的精彩之笔在此难以一一评说。无疑，华东政法大学产业经济学《经济与法译丛》的面世，将会进一步推动学术界更加关注经济学与法学的融合生长，也将会更加激励产业经济学科的同仁们以更开放的胸怀，汲取当今世界经济学与法学的最新前沿成果，鞭策其再接再厉，拿出更具分量的法经济学成果来，为学术界贡献绵薄之力。

是为序。

目录

CONTENTS

导论

据说，最佳的学习途径就是从我们所犯的错误中学习。果真如此的话，那些无能之辈和鲁莽之徒就变成我们中最聪明的人了，而一次次炫耀着扑面而至的可怕错误则会成为迈向成功的关键。沿着这种错误的逻辑，我们就应该把重要的任务交付给那些屡次把事情搞砸的人。那样能让人安心吗？不能，我也不会安心。毫无疑问，从竞争对手和同时代者的错误中吸取教训，并从历史上大量的灾难中获取洞察力，从而使我们所犯的错误最少，这样做才会更好一些。

甚至那些最伟大的品牌也会在营销中不时地陷入混乱。本书中这方面的名单包括可口可乐、麦当劳、苹果、星巴克、维珍、雀巢、澳洲航空、美泰、索尼、达能、微软、高露洁、沃尔玛、比克和其他许多全球著名品牌。我也引用了许多世界上较小品牌失败与陷入灾难的例子。《伟大品牌的重大错误》这本书总共包括了175个市场营销的失败案例，这些大大小小的案例横跨欧洲、北美洲、南美洲、亚洲、非洲和大洋洲。

然而，尽管本书主要谈论的是那些做错事情的场合，但我也有意安插了一些鼓舞人心的辉煌案例。因为只有残酷的失败是不行的。尽管有些描述或许有些尖刻，但我的目的是乐观、公正和有益的——我希望本书不要变成说教。除了仔细观察那些愚蠢的决策并剖析惨败活动的样本，我还提供了一些有用的营销窍门。在预测到要步入失败之时，其内容也会为我们探明方向。

本书的很多例子都是过去几年间发生的。一方面，这与我有意为之有关；另一方面，这也反映出由于推特、脸书等社交媒体平台的存在而发生了更多的品牌错误并被放大。然而，如果不对诸如福特Edsel车型、新配方可乐、胡佛失控且臭名远扬的免费航班这些“经典”案例进行介绍，那么任何一本研究营销灾难的书籍都是不完整的。通过全新的研究和分析并对涉案对象进行访谈从而得到一手资料，我想已经形成了看待那些著名失败案例的新视角。同时，我希望书中介绍的许多鲜为人知的错误案例，至少是有趣且有启发性的。

之前几代人所遇到的重大错误为我们提供了永恒的洞察力，甚至在今天我们仍能从中吸取有价值的教训。但同时，了解世界的改变也很重要。我们现在生活在一个“话题品牌”的时代。尽管通过社交媒体渠道与目标客户进行互动毫无疑问是一件好事，但这也使得营销速度更快，并且极其危险。在急于利用数字机会的行为中，许多陈旧的体制已经被淘汰。有时候，那些自认为了解社交媒体的年轻团队成员所做出的决定，可能会对培育了几十年的品牌声誉产生巨大影响。而且，社交媒体所固有的信息控制的丧失，为产生非故意性结果的行为打开了方便之门。当今消费者期望他们的声音能被听到。他们狂热地支持所喜爱的品牌，但是也有一种占有欲，并经常让品牌承担责任从而证明这一点。世上的人并非都像阿甘（Forrest Gump）、奈德·弗兰德斯（Ned Flanders）那样没有心机且性格阳光，阿甘他们在每一个人身上、在每一处地方都能发现美好。现实中的人们却观点鲜明，非常乐意指出缺点和错误。当发生混乱时，他们或许很享受在责备某个品牌时所处的批评者的角色，帮助坏消息像野火一样传播——这是以预先商定内容进行成功病毒式营销活动的可怕的另一面。

应该清楚，品牌宣传已经在社交媒体方面犯下了一些可怕的错误。有些甚至出现了侮辱性帖子、冒犯性内容或随意的话题标签，诸如对奥巴马总统无礼、与青少年开色情玩笑、无视自然灾害等只是这些错误行为中的部分事例，甚或不假思索地公然请人制造恶作剧，这些话题非常不当。社交媒体在新闻爆料方面贪得无厌，而品牌的失败恰好满足了其胃口。

正如营销本身包括许多内容一样，本书也考虑到营销失败的许多方面，从冒犯目标客户的愚蠢广告（在一个案例中，严重的广告误判使得品牌彻底消亡）到制造拙劣和混乱的炒作，这些都需要应急服务的介入，并且在两个极端的案例中，还致使活动的参与者和旁观者死亡。品牌没有意识或没有能力明白自己已经陷入有关性别歧视、种族歧视、暴力、虐待儿童等令人厌恶的漩涡之中。营销人员花费大笔资金，追求的却是误入歧途的战略，例如发布一些类似Sinclair C5三轮电动车这样可笑的新产品、误解顾客、实施设计拙劣的促销活动。有些公司进行过重大的产品重塑，例如联合利华开发效力强劲的洗衣粉却强到弄破了衣物，尽管这种经历令人十分不快且代价昂贵，但与该公司所经历的最为惨痛的产品翻新相比还真是小巫见大巫。而且，还存在一些匪夷所思的品牌延伸的事例［这可要向卡夫公司澳大利亚分公司脱帽致敬——它创造的“咸味酱爱小吃（iSnack）2.0”品牌所产生的效果恐怕是难以被超越了］。我们也会陷入惊慌失措的180° 反转、令人困惑的跨文化误解、荒唐的商标重塑、狡猾的欺骗、流氓的创意团队等等。

继续读下去，你既会被逗乐也会感到震惊。这不是一本把快乐建立在他人失误之上的书（嗯，或许有时会有点这样——当人们做了真正让人吃惊的事情时，他们在想些什么呢？真是愚蠢之极），而是一本关于理解营销为何会犯错误以及如何避免重复犯错的书。这本书再现了案例情境并阐述了相关洞见，与描写趣事和愚行的书差不多。本书不仅适于营销人员、学者、学生和企业家，还适于那些对复杂的品牌故事及其背后人物感到好奇的人士。当选择不当时，就如糟糕的建筑结构一样，其结果是所有人都能预判的——就像巨大的数字广告牌那样刺眼。或许我们很少安慰那些被卷入营销灾祸的人，但是其过错却提供了非常好的学习机会。

那么，就让我们来听一听广告商都避之不及的这个词吧：失败。

第一章

Chapter 01

糟糕的广告
史上最失败的广告

卓有成效的广告拥有让人惊奇并改变认知的力量，它甚至能将自身烙入民众印象之中并根植于大众文化。想想为宣传土豆泥而创造的火星人，可口可乐的广告歌曲“我想要教会世界歌唱”，吉尼斯啤酒广告中在澎湃浪花上热情而富有艺术美感的冲浪者，还有安杰诺公司为纸巾广告设计的可爱的蹦跳小狗，这些都是让人印象深刻的广告案例，它们通过与企业目标客户互动来传递品牌理念。有时，通过这些巧妙的创意，可以展现完美的执行技术或是完全实现广告策划者想达到的效果，广告也因此成为一项里程碑式的事件。苹果电脑的麦金托什机是一个开创性的产品，但是如果没有1984年Chiat/Day广告公司（现为TBWA公司）为它制作的振奋人心的夸耀式商业推广，它还能达到同样的知名度吗？这支大手笔的反乌托邦史诗广告，由著名影视制作人雷利史考特（Ridley Scott）指导，这位刚从《银翼杀手》《异形》两部批判主义科幻电影中大获成功的导演，借用《1984》科幻小说的场景设计了该广告，这不单引起了人们的关注，更使得人们把苹果产品视为真心为了大众利益而勇于挑战的角色。另一方面，广告还影射当时的竞争对手IBM公司与苹果的理念相反，是计算机行业的“独裁者”“老大哥”，在行业内施压以使业界对它顺从。

为了达到良好的效果，广告在数量上不必庞杂，能用最简单的想法恰如其分地传达理念才最有效。19世纪五六十年代，恒美广告公司以其远见和胆识为德国大众汽车公司和跨国汽车租赁公司安飞士所创作的广告——这一时期正是聚集在麦迪逊大道的众多广告狂人的鼎盛时代——就完全颠覆了传统的营销方式。在人们以“大”为佳的时期，恒美广告公司却为敏捷高效的小甲壳虫车打出“想想还是小的好”的标语，鼓励司机们重新思考交通工具中什么才更为重要。至于安飞士，恒美反而利用了该公司为大众所知的弱点——落后于赫兹租车公司——用“因为我们只是第二，所以值得更加努力”的广告进行宣传，扭转了市场不利地位，以诚实和成功地自我表达赢得了尊重。由于立足于顾客服务，安飞士作为一个具有挑战性的品牌而将有更长的路要走（这真是一个助力汽车企业发展的广告）。此次广告浪潮后，在19世纪60年代的4年时间里，安飞士公司的股票份额完成了从11%到35%的飞跃。“我们值得更加努力”的标语如此引人注目，以至于在此后半个世纪，它都成为安飞士市场营销传播的中流砥柱。

为英国《曼彻斯特卫报》这一全国性综合日报所创作的广告作品“三只小猪”赢得了2012年戛纳创意节影视特效类金奖。该广告戏剧性地重塑了“三只小猪”的经典童话故事，表现了在当今社会媒体的影响下新闻24小时内的快速传播循环，任何渴望了解世界大局的人都可以将报纸作为权威性的选择。同时，为了更好地表达效果，借用2012年伦敦奥运会展现大西洋两岸不同国家的两组广告，给人带来了强烈的情感冲击。英国第4频道为提高残奥会观众的覆盖范围而播出的“会见超人”的广告，与宝洁公司“谢谢你，母亲”的宣传片，都聚焦残奥会运动员的牺牲精神、毅力和决心，并赞美这种多样化、渴求达到最好的人性追求。也正因为如此，运动员身体虽有缺陷却仍有如此精神让人尤为感动。

当广告宣传发挥良好作用时，能帮助品牌达到神奇的效果，但是当一个失败的广告出现时……

如何惹恼亿万富翁——击倒维珍移动公司的广告创意

理查德·布兰森爵士精通市场营销，这位维珍公司的创始人是历史上最伟大的企业家之一，他对商机的敏锐眼光、品牌塑造的掌控力和对个人宣传的天分，帮他积累了大量的个人财富。布兰森爵士思考缜密的个人魅力部分源于童年时的兴趣，他总习惯于用推销宣传的模式思考。和他参加过的“挑战死亡”——一项长距离的热气球开拓探险活动的风格一样，布兰森爵士经典的营销手段还包括：刮掉他的胡子；为维珍新娘的首次登台提供化妆品和婚纱；模仿异装癖喜剧演员艾迪·伊扎德；为宣传维珍可乐而驾驶印满维珍商标的坦克进入纽约第五大道；装扮成非洲祖鲁勇士为维珍航空吸引人气以增加航班路线；为宣布自己钟爱的航空公司的名字在加拿大裸奔……这些似乎都显示出他是一个和尴尬绝缘的人，一个永远也不会脸红的亿万富翁。

然而，有些事还是会令布兰森尴尬，什么事呢？那就是以怪诞行为创作的一则广告，这则广告将布兰森珍爱的维珍品牌与约会强暴事件联系在了一起。这件事发生在2012年12月，广告是美国维珍移动公司在基督降临节进行网络营销活动的一部分。12月8日播出的这则广告名为“惊讶”，其场景是在卧室中，一名男子站在女人的背后，一手蒙上她的双眼，一手拿出一个包装精美的小礼物。从头到尾的场景都非常温馨欢乐，纯粹而毫无杂念，直到字幕出现：“圣诞节的惊喜之礼，项链？还是氯仿麻醉剂？”

无须多言，当这条广告在网上播出之后，立刻使得犯罪行为激升。谴责之声不绝于耳，媒体对此快速播报并引起布兰森的注意。当时，美国维珍移动公司是由美国斯普林特公司经营的，斯普林特公司于2009年买下该业务，并被授权准许使用维珍品牌。然而，美国维珍移动公司的老板布兰森不久便意识到这则广告对其产业帝国（涉及全球400多家不同的公司）所形成的威胁。

布兰森很快在维珍集团网上发表声明：“如你所见，如今维珍移动公司的广告第一次使大家感到了不安，我承认这是欠妥的。尽管我并不经营这家公司，但它确实使用了我们的品牌。我会和制作广告的团队谈话，理清思路看看我们能做些什么。美国维珍移动公司一直在做正确的事，尽管这次显然是走到了岔道上。”在接触了制作团队后，布兰森更新了公告：“刚刚和团队谈过，他们承认犯了一个极其糟糕的错误，这条广告将会在1小时之内被撤掉，并永远消失。”广告被删除后，美国维珍移动公司为所有由广告引起的犯罪致歉，并声明公司并未批准广告以如此影像呈现于世。

布兰森及时而又谨慎的调解方式缓解了局势的紧张局面。“每日性别歧视项目”对女性日常遭受性别歧视的事例进行编录，布兰森在其推特上对此点赞，以聆听人们关心的问题并采取果断行动。如果这场风波不是以这样的方式解决，结局可能会更糟。我们可以乐观地假设维珍公司将会加强对广告制作商授权的监管——在未来的圣诞节广告宣传中，将会有更多传统的、无伤大雅的场景出现。

戴尔·伍尔夫和二手福特——重复宝马的厌女症错误

如果加拿大安大略省的克莱斯勒汽车经销商戴尔·伍尔夫（Dale Wurfel）知道伊美婷广告所引起的轩然大波，那么2011年初他的营销广告也就有可能避免犯下类似的错误。像伊美婷一样，戴尔·伍尔夫选择摆出性感姿态的年轻女子的形象，尽管其目的是为了销售二手汽车。吸引人眼球的不是经销商提供的融资方案，而是女人的风骚举止、鲜亮的化妆和轻薄的小黑裙。但最重要的是在她手臂上的标题文字："你知道你不是第一个，但是你真的在意吗？"抱怨声此起彼伏，在极短的时间内就让克莱斯勒陷入危机。许多人认为经销商把女性与二手车进行比较，是对女性的一种歧视。至于对之前性伴侣的暗示……嗯，这种噱头对于布兰森的维珍品牌几乎不会有任何作用，不是吗？令人奇怪的是，与戴尔·伍尔夫的营销活动形成对比，宝马于2008年在希腊为其优质二手车所做的广告投放，却几乎没有受到太多的抨击。值得注意的是，那时推特还只是处于起步阶段。社交媒体的兴起，无疑使得那些被广告冒犯的人，尤其是挑剔的受众更容易分享他们不愉快的经历。虽然希腊和美国之间的文化差异在某种程度上解释了为什么宝马的广告会有较少的反响，但是如果这家豪华汽车制造商愚蠢到在今天仍再次使用同样的广告文案，它将毫无疑问会为自己招来更大程度的批评，而固执己见的社交媒体用户则会在一旁煽风点火。

2011年4月9日，在戴尔·伍尔夫的广告发布在《伦敦免费新闻》之后的第二天，他的另一张全页广告就出现在加拿大报纸上。这次广告的标题和之前的一样，只是这次的广告形象换成了英俊的男人，他领带松散、白色衬衫解开、胸毛微露。经销商是在宣称男女性别的平等吗？有人怀疑这则广告可能是匆忙拼凑而成的。广告里的那个家伙也似乎很熟悉。等一下，人们不禁吃惊起来，这不是汤姆·福特（Tom Ford）吗？那个著名的汤姆·福特？英俊潇洒，多才多艺的古驰品牌的救世主，用自己的名字创立了时尚品牌，并且其导演的电影［由柯林·弗里斯（Colin Firth）主演］还获得了奥斯卡提名。这个大名鼎鼎的汤姆·福特在加拿大的一个省大肆宣传二手车？

令人目瞪口呆的是，事实确实如此。戴尔·伍尔夫选用了老照片中福特的形象，也许他不知道福特是谁，但这一行为显然是未经福特授权的。可见，克莱斯勒与雪树伏特加一样缺乏严谨性，这种失误会让我们一下子想起许多广告来，并且是我在第7章“你会相信吗？”中用更多篇幅来探究的情况。尽管对于一个汽车营销者来说，福特是一个很合适的名字，但是据说，此次事件的社会反响非常糟糕，戴尔·伍尔夫以最快的速度放弃了这次营销活动。颇为讽刺的是，虽然这次福特莫名躺枪，但是对他而言，卷入有争议的营销活动并不是一件新鲜事。在古驰的日子里，他监管了一些关于广告的投诉，并遭到了性别歧视的指控。

震动牛奶市场的营销策略——加州乳品加工协会惹恼其目标客户

当然，我们并不能很确切地分辨出性感与性别歧视之间的界限，因为这完全取决于个人观点。但很明显，即使不打算凸显性感意图的广告也会被认为是性别歧视。像牛奶这种常与茶或咖啡搭配饮用的看似普通的饮料，可能发现自己也会像伏特加等一样陷入麻烦。这是2011年7月发生的事，当时加州乳品加工协会（CMPB）推出了一项新的激励措施来提高牛奶销量。CMPB是加利福尼亚州牛奶加工商的营销机构，支持受欢迎的“Got Milk？”（牛奶胡子）品牌，并准许该州之外的其他乳制品企业使用该商标。CMPB成员出售牛奶的少额税款用于资助促进牛奶消费的营销活动。

销售牛奶最大的挑战之一就是它已经很普遍了，是膳食中的主食。人们已经知道，把它倒入麦片粥中或添加到咖啡里。他们也知道自己喜欢全脂、半脱脂还是脱脂牛奶。因此，很难找到一个新的方式来促销牛奶。但是2011年夏天，CMPB觉得它发现了不同寻常的信息——通过分析几项学术研究成果，认为服用钙可以简单有效地减少经前综合征的症状。其中一项研究是1998年发表在《美国妇产科学杂志》的一篇论文，题目为“碳酸钙和经前综合征：对月经前期和月经症状的影响”（由研究生苏珊·泰丝雅各布斯和保罗·斯塔基、德步拉·柏恩斯坦博士、简森·田博士的月经前期综合征研究组发现）。要注意，该项研究和其他几项研究的重点都在于钙的摄入，而不是对于牛奶的消耗。然而，关键是要了解到牛奶是补充钙的一种食物来源，尽管和其他食物（如芝麻、杏仁等）相比，牛奶中钙的含量并不是特别高，但CMPB及其备受推崇的广告代理商古德拜·希尔福斯坦有限公司却制定了一项营销活动，以突出牛奶如何缓解经前综合征的症状。

有别于采取陈旧的科学方法（尽管他们的科学基础也很不牢固），团队选择了幽默，把重点放在受压迫的男性伴侣上，他们被具有经前综合征症状的妇女的无理和失控行为所吓倒。一系列的在线广告和广告牌上都刊登了宣传照片，图片上颤抖的、歉疚的男性，将牛奶盒作为和平的祭品，拿给看不见的、在暗中暴躁的女性。广告词写道："对不起，我听了你说的话……而没有理解你话里的意思"；"都怪我"；"我为所有我曾经做过或没做过的事情而感到抱歉"；"我也很抱歉让你理解错了我话里的意思"。为了进一步表现受到经前综合征困扰的无辜男伴的信息，广告中公布了一个网站，即"我做的一切都是错的"。

该网站的定位是"经前综合征管理之家"，网站的访问者被视为像宠物狗一样能消除妇女愤怒的工具，让男性能够掌握"难以保持疯狂"的面部表情。除了为男性使用的抚慰词提供建议之外——例如用"激情"来代替"非理性"，该网站还有一个紧急牛奶定位器，跟踪全球经前综合征级别，并制作一个所谓的"过错归责图"，表明男性是在99.97%的时间内受到责备的。不可否认的是，这次营销活动倾注了大量的辛勤劳作与创造性的想法。然而把男人描绘成哭喊的懦夫、把女人描绘成激素失调的泼妇的做法，在性别歧视方面受到了指责。

CMPB 执行董事史蒂夫·詹姆斯（Steve James）在广告营销之初接受《纽约时报》采访时表示，对于广告是否能被大众接受，他心里"有些惶恐"。他承认，将经前综合征重点放在男性身上的战略意在引起人们的惊讶和关注，并引发社交媒体的热议。从这方面看，"我所做的一切都是错的"这一广告语达到了预期效果。不幸的是，人们对广告的评价远低于CMPB的预期。广告推出仅几天，通过社交媒体和传统媒体发出的批评声便日益高涨，且远远多于恶意的诽谤。包括《广告周刊》及全国持续发行时间最长的报纸《哈特福德报》在内的许多评论都公开指责该广告。之后，又出现了一篇以"大错特错：牛奶广告指责经前综合征，这是对女性的侮辱"为题言辞激烈的批评性文章。这次营销活动开始适得其反。由于批评丝毫没有减弱的迹象，CMPB在短短两周后就停止该广告投放了。“我所做的一切都是错的”网站被此广告所引发的热议的在线论坛所取代了。不出意料的是，这个新的网站出现了一些道歉性的话语：“很遗憾，过去几个星期，有些人发现我们关于牛奶和PMS的营销是荒谬的和有误导性的——我们再次对那些被冒犯的人表示道歉。其他人认为这个网站很有趣且具有教育意义，并创造了一个影响女性及两性关系的新话题。”

詹姆斯在营销活动开始时所表现出的惶恐的确不是杞人忧天。尽管广告意图是前卫的，但詹姆斯承认，他和营销团队的其他成员错误地估计了它所能引起的激烈反应。詹姆斯不是第一个也不是最后一个懊悔拿经前综合征开玩笑的人。虽然电视喜剧节目可以让你有回旋余地来解决这样一个敏感而又可笑的话题，但是广告商采取这种方法则是一个具有高风险的选择。惹怒或者冒犯你所推销产品的目标人群，从来都不是一个好主意。

能源观察公司和帕比薯片的刻板印象令人不满

让我们继续所讨论的话题——从不引人注目的性别歧视到无法接受的种族歧视。2011年8月，澳大利亚最大的能源经纪商能源观察公司（Energy Watch）投放的电视广告被广告标准管理局（ASB）禁播，原因是它将印度人描绘成不诚实的“推销者”。以下是对广告的简要介绍：一个身穿西装的男子挨家挨户地推销，当他按响一户澳洲小伙儿家的门铃时，这个推销员用一种深沉且富有喜感的印度口音招揽生意，大讲节省电费的言辞。推销的服务提供25%的电费折扣，户主愿意接受所推销的服务，但此时一个身穿运动装的金发年轻女人出现在门口，并用尖锐的哨声阻止了户主。她告诫户主在签约前务必要先浏览一下选择性条款，并建议他即使是有些听起来不错的交易，也要先与“能源帝国”能源观察公司商量之后再做决定。随后她又一次鸣哨，以那名推销者所提出的交易不值得信任为由，像裁判一样将那名垂头丧气的推销者逐出场外。

在广告标准管理局收到的众多投诉中有一个印度裔的澳大利亚人，他写道：“我发现了广告中的种族歧视，鉴于从前几乎没有印度人或亚洲人在澳大利亚的电视广告上出现过，所以这个广告只是迎合了对于我们血统的刻板印象进行描述的低级趣味。”另一个人的抱怨更加激进：“如果蓝眼睛的白人能吹哨，向亚裔人士展示红牌，那么希特勒确实会为之骄傲。”

这则广告是由能量观察公司最固执己见、特立独行的创始人兼CEO本·波利斯（Ben Polis）亲自监制的。接下来，事情变得更加戏剧化，种族主义并不是这则广告所陷入的唯一囹圄。在ASB颁布禁令的两周之后，澳大利亚竞争与消费者委员会对能量观察公司和波利斯就其在大量广告中提及的通过能源代理人为消费者节省开支的误导性陈述向联邦法院提起诉讼。2012年4月5日，命运敲响了波利斯的门。墨尔本胜利队（足球）、墨尔本反叛者队（橄榄球）和墨尔本橄榄球俱乐部（澳式橄榄球）这三支由能量观察公司赞助的体育俱乐部同时宣布，他们正式结束与能量观察公司的赞助协议，以回应波利斯在脸书上的种族主义评论。同一天，波利斯被迫从自己一手创建的公司中辞职。不久之后，能量观察公司进入清算环节。然而，一旦该公司播放误导性广告的罪名成立，他们就无法逃脱联邦法庭对其所做的判罚。2012年7月13日，法院对原能量观察公司处以

1 950 000澳元的罚款。此外，波利斯个人由于为有误导性的电台广告配音而受到65 000澳元的处罚。

马歇尔大法官总结了处罚的原因：

“能源观察公司及波利斯先生严重欺骗了澳大利亚公众。由于波利斯先生是以能源观察公司首脑的身份参与广告播放，因此将给予其重于普通配音演员的处罚。澳大利亚人民被行业内顶尖的能源观察公司和波利斯先生所误导和欺骗，他们理所当然地期望这一欺骗行为能受到法律的严惩。”

能源观察公司在辩护阶段提出了一个明显站不住脚的理由：至少电视广告里没有出现一个白人“变黑了”，或者变成“棕色的脸”。我们要到什么年代才能再次碰到与这家公司类似的愚蠢案例呢？可悲的是，实际上在紧接下来的2012年我们就碰到了这样的例子。2012年5月，零食品牌帕比薯片（Popchips）认为设立“流行文化总裁”是个好主意，并由演员兼制片人阿什顿·库彻（Ashton Kutcher）担任此职。这名演出过著名美剧《好汉两个半》的明星出现在一个名叫“世界恋人”的网络广告中，该广告拙劣地模仿单身人士。库彻扮演了四个渴望浪漫的单身汉，其中一个显然是以前文提到过的著名时装设计师——汤姆·福特为原型；库彻创作达尔这个角色的初衷是向炫目的女装设计师卡尔·拉格菲尔德（Karl Lagerfeld）表示“敬意”。但库彻所刻画的39岁宝莱坞制片人拉吉（Raj）则激起了公愤。库彻画上棕色皮肤妆并操着一口浓重的印度腔英语。拉吉的视频很快就传播开来，并在推特上引发了一系列负面评论。纽约的技术领域企业家、投资者和著名的“博客先锋”阿尼尔·达什（Anil Dash）在其博客上毫不客气地以“如何拯救帕比的种族歧视广告”

为标题发文，并指责通过伤害和贬低他人使世界变得更糟的营销人员。“我知道这很老套，”达什继续写道，“但是，你的产品应该以优质取胜并长期保持下去，我认为这样做一定会有好的结果。而不应该把自己的品牌与刚离婚不久并愿意出演棕色人种的名人的约会扯上关系。”

随着批评的声音越来越大，帕比薯片的创始人兼首席执行官吉斯·贝琳（Keith Belling）发表公开道歉并撤下拉吉的视频。在广告牌上使用拉吉人物形象的计划也被放弃了。除了种族主义的愚蠢观念之外，这个营销活动也是非常失败的，因为它与产品毫不相关。幽默是广告营销活动的重要组成部分，但如果幽默偏离了出发点或毫无重点的话就会适得其反。

斯特兰德牌香烟是如何被自己广告中的孤独形象所摧毁的

在极端情况下，判断失当的广告也可以把一个品牌置于死地——即使广告制作精良、令人难忘。之前，烟草产品广告还能出现在英国电视上时，香烟品牌斯特兰德（Strand）的命运正是如此。1959年，帝国烟草公司旗下的一家起源于17世纪80年代布里斯托尔烟草商店的WD & HO Wills公司，通过海报、媒体广告和可以兑换免费香烟的优惠券等高调的电视广告营销活动推出了斯特兰德牌香烟。这个由英国代理机构S.H.本森公司（H.S.Benson）的文字撰稿人约翰·梅（John May）设计的商业广告的内容是，演员特伦斯·布鲁克（Terence Brook）穿着时髦的风衣，带着毛毡帽子，抽着烟，漫步在被雨水浸湿的伦敦街道上。布鲁克之所以能出演这个角色是因为他长得酷似当时公认的大帅哥、明星歌手兼演员弗兰克·西纳特拉

（Frank Sinatra）。广告中，富有情调的黑白电影影像伴随着作曲家克利夫·亚当斯（Cliff Adams）所谱写的沉思且带着些许忧伤的曲调。男性画外音只有两句台词："来一根世上最好的斯特兰德香烟。你永远都不会孤独。"虽然广告词成双出现，但是西纳特拉的替身却是一个孤独的角色。

该广告的主角和音乐的风格吸引了很多观众。广告一经播出，人们就开始想尽办法购买广告主题曲的磁带。克利夫·亚当斯和他的乐队抓住商机，租用了一间录音棚并将该音乐录制成名为"孤独主题曲"的单曲并发行。1960年，这首歌冲进了音乐排行榜的前40名。另一个能证明该广告成功变成流行文化的是，当时最具人气的动漫作家托尼·汉考克（Tony Hancock）改编并引用了该广告片段。在汉考克的故事中，斯特兰德成了普通的食品品牌格林斯比·菲尔查兹（Grimsby Pilchards），并将其口号改为了荒谬的"你永远不会独自一人吃沙丁鱼罐头"。

无可否认，广告营销活动为斯特兰德赢得了巨大认可。正如温斯顿·弗莱彻（Winston Fletcher）在他的著作《说服的力量：1951～2000年英国广告的内幕》中所写的："公众对品牌及广告的认知在几周内激增了90%，这是前所未有的。"这是一个辉煌的成就，但它也有一个致命的缺陷。尽管这场营销活动引发了很高的关注度，但几乎没有人购买该产品。围绕着男主角孤独原因的猜测非常之多。许多观众认为，以孤独为主题并不合适。如果这个男人依赖一包烟来陪伴，这是否意味着他有点古怪，无法维系友谊？他是否是一个瘾君子，渴望尼古丁甚至超过了人类的陪伴？他是因为不善于交际，还是因为丧亲才独自一个人的？他会抑郁吗？该广告的点子和描述手法适于宣传不同于香烟的一些其他产品。想象一下，如果这次不是给罐头鱼做宣传，而将这条标语重新稍作改动为："和乐善好施者/全球扶助者/生命线工程在一起，你永远不会感到孤单。"对于情感支持热线来说，这条标语可能是非常有效的。但是，试图将一个新的烟草品牌定义成孤独，而不是更积极和更有抱负的东西，比如个性，就注定会失败。尽管广告宣传效果达到了很高的水平，但斯特兰德很快就退出了市场。

与广告中孤独男子的生存绝望有着可怕类似的是，以诙谐方式模仿该广告的漫画天才汉考克，由于对酒精的过度依赖，使自己的职业生涯和个人生活土崩瓦解。1968年，在婚姻破裂之后不久，汉考克被发现死于摄入过量的苯丙胺和酒精，他身边是一个空的伏特加酒瓶。这是一个孤独之人的悲哀结局。

更多失败广告营销的简短小结

◎ 2012年9月，位于加利福尼亚州恩悉尼塔斯101公路边的太阳眼镜公司天空镜片（Sky Optic）的巨型广告板在展示了一周之后就被撤下。经营广告板出租的清晰频道户外广告公司（Clear Channel Outdoor）在收到对广告标题"很高兴坐你脸上"的投诉后，认为该标题"不合适"，所以删除了该广告。

◎ 2007年，火星食品公司（Mars）也因自己在超级碗的广告中关于同性恋恐慌的言论陷入麻烦。其产品士力架巧克力棒的商业广告中出现两名男性机修工不小心接吻的镜头，包括体育明星在内的人都嘲笑这一场景。同性恋权利组织指控火星食品公司欺凌同性恋者，这导致该广告很快被撤下。

◎ 新加坡宽带运营商M1公司在《海峡时报》登了一则广告，其中包括一个属于其竞争对手星和公司（StarHub）的客户的服务号码。

◎ 亚马逊Kindle在华盛顿特区广告牌上的广告被指控提前剧透。这张海报展示了苏珊娜·柯林斯（Suzanne Collins）的饥饿游戏三部曲中最后一部《自由幻梦》的开篇页。该页上的摘要泄露了该书的故事主线与前两部相比产生了反转，对那些计划阅读前书的人来说这非常扫兴，实在可惜。

◎ 超过1000位不满的父亲签署了一份名为“好奇纸尿裤（Huggies），我们是父亲，不是白痴”的请愿书，以抗议婴儿尿布品牌金伯利-克拉克在其广告中将男人描绘成无力照顾孩子的人。就像弄脏了的尿布一样，广告也变了味。

◎ 2009年，在全德国700家埃索加油站投放的奇堡咖啡（Tchibo coffee）广告因受投诉而被撤下，原因是他们的广告语“Jedem den Seinem”（“各得其所”）的标语与纳粹布痕瓦尔德集中营入口处令人毛骨悚然的标语（暗示每个集中营犯人都罪有应得）几乎相同。德国的犹太人中央委员会告诉法兰克福评论报，这些海报不是极度低俗就是完全忽视历史。诺基亚、汉堡王、雷弗集团（REWE）和默克银行（Merkur Bank）都曾因在广告材料中使用有争议的短语而受到谴责。

◎ 2010年，大众汽车公司在美国电视上为其捷达车型所播出的广告，因被投诉鼓励危险驾驶而被撤下。一对自称很“保守”的夫妇在高速公路上试驾一部捷达时兴奋得忘乎所以。妻子突然间头脑发热，冲丈夫叫喊道：“冲过去！”然后，丈夫便鲁莽地加速，从两辆大卡车之间的小缝隙里超车。专业卡车司机和道路安全宣传人员都被吓得目瞪口呆。

◎ 法国时尚零售商乐都特（La Redoute）匆忙将一张穿着沙滩装的四个孩子的照片撤下其网站，原因是人们注意到了孩子身后的海边有一个赤裸男子的身影，并对此大肆评论。

窍门和教训

◎ 幽默可以让广告令人难忘，并让人喜欢上这个牌子。但它也会冒犯别人。请仔细考虑你在说什么以及怎么说。

◎ 即便是小的或低成本的广告，也不要委托团队的年轻成员签发。请记住，面向小众的广告如果在主流媒体报道或以消极的意图进行病毒式传播，也能成为大麻烦。

◎ 始终确保在广告营销活动中使用的所有内容都具有合适的专利许可。

◎ 确保您在广告中所做的声明可以得到落实。大多数主要市场的广告都受到监管机构的监督，他们的工作是确保广告的合法、体面、诚实和真实。

◎ 检查、检查、再检查。即便时间再紧，也不能为事实错误或印刷错误找借口。

◎ 制订公关计划从而丰富广告方案，以便于可以快速应对社交媒体上的任何负面评论。如果需要公开道歉的话，那么道歉就应该全面、快速和真诚。

第二章

究竟发生了什么？
不受控制的促销

从可回收玩具到品牌麦片碗，从迷你Xbox游戏到美国职业棒球大联盟的衍生产品，家乐氏公司（Kellogg）数十年来通过与时俱进的手段在销售推广上一直处于领先地位。如果你今天在eBay上搜索，会发现各种各样的赠品都与品牌有关。也许一些物品是你可以用来布置工作场所或厨房的。如果不是，那也不用担心，因为它们及无数其他的促销品都能完成巩固家乐氏及其子公司成功的使命。口味、规则和技术都在进步，销售推广也是。可口可乐公司最近通过“分享一杯可乐”的推广活动将个性化带入巨大的市场中，它通过将瓶身上的商标替换成上百种可供选择的流行词汇，使它拥有可口可乐公司品牌形象的风格。虽是经典的可口可乐，但包装上却是艾玛或约什或阿卜杜勒。这个二维码、数码打印和网上社区的时代给了品牌前所未有的空间，去探索别出心裁的促销方式。然而，这意味着存在更多差错的可能性。当促销活动建立在错误的前提上时，所遇到的危机也会最大化。

奥林匹克促销的错误——麦当劳错误计算了奖牌总数

从地缘政治上来讲，1984年的全球环境与现在是完全不同的。那时候冷战的僵局还没有缓和，罗纳德·里根（Ronald Reagan）还是美国总统，而苏联还处在康斯坦丁·契尔年科（Konstantin Chernenko）短命的领导下，距离米哈伊尔·戈尔巴乔夫（Mikhail Gorbachev）担任总统及开放政策的实施还有一年的时间。那时候，两大超级强国之间的关系很紧张。在苏联1979年入侵阿富汗后，美国联合各国抵制1980年莫斯科夏季奥运会。如今，四年之后，奥运会在洛杉矶举行，美国被这项国际奥组委的体坛盛世的大肆宣传所牵制。麦当劳是当时奥运会的主要赞助商，并且还出资300万美元新建了一个室外游泳馆。麦当劳利用自己的赞助以及构建在美国运动员之上的爱国热情浪潮，决定进行大规模的促销活动，并将其取名为“当美国赢了，你就赢了”。

麦当劳将该促销搬上电视广告，邀请消费者通过玩刮卡片游戏“成为美国奥运队伍中的一员”。每个“游戏”卡都对应一个奥运项目，并且促销的规则很简单：如果美国队赢得一块奖牌，幸运的消费者有权免费获得一个菜单上的商品；如果这枚奖牌是金牌，那么就将赠送麦当劳在全球闻名遐迩的巨无霸汉堡。从麦当劳的角度来看，理想的情况是让自己的餐厅获得更多的销售额，同时表现出自己是美国奥运队伍的热心支持者，而不必提供太多的赠品，特别是它的主打产品巨无霸送得越少越好，巨无霸在餐饮界的地位就相当于站在最高领奖台上的田径巨星卡尔·刘易斯。

鉴于美国在上一届的运动会上没有参赛，麦当劳需要根据8年前即1976年蒙特利尔奥运会的奖牌数据来进行分析。它发现美国队共获得94枚奖牌，其中34枚是金牌。有了这些信息，麦当劳能够粗略计算出有多少免费产品需要送出并将其计入促销成本。如果在洛杉矶奥运会中，美国队获得的奖牌数与蒙特利尔奥运会时的情况一样，麦当劳就可以庆祝此次促销的成功了。但是，当苏联宣布作为对美国不参加莫斯科奥运会的报复而不会参加洛杉矶奥运会且其同盟国也接连退出时，1976年奥运会的奖牌数据就无法作为准确的参考了。一方面这一情况对奥运会的声望来说是有害的，另一方面也提高了美国运动员获得奖牌的可能性。在蒙特利尔奥运会上，美国排在苏联和东德之后，位列第三。随着这些东欧国家的退出，奖牌的分布也不会像在蒙特利尔奥运会时那样了。

令人高兴的是，美国运动员在自己的奥运会上获得了83枚金牌，远远超过了8年前的34枚。为了增加派对的气氛，许多参与“当美国赢了，你就赢了”促销活动的消费者纷纷兑换奖品。麦当劳消耗的食物比预期的要多得多，花费了数百万美元。从这个角度来看，这次推广活动应该命名为：“当美国队一直获胜时，我们输惨了！”

这次广告宣传成为一场史无前例的灾难，并成为人们茶余饭后的谈资。在动画片《辛普森一家》（The Simpsons）“丽莎说的第一句话”这集中，麦当劳的惨痛失误被讽刺地嫁接到克鲁斯提为其汉堡连锁店所做的奥运促销上去了。当奥运会结束的时候，由于苏联的退出，克鲁斯提发现他亏损了4400万美元。他暴怒地告诉观众：“每当数到第50个汉堡，我都会亲自朝它吐口水！”主角荷马·辛普森说：“我喜欢这样的概率。”

这是《辛普森一家》中的经典桥段，但荷马关于概率的玩笑在市场营销的环境中也有重大意义。促销活动发生灾难性错误的原因往往是营销人员没有妥善考虑其他因素或了解其影响。全面的风险评估和成本计划应该是促销活动最基本的内容。多年来，有不少品牌发现偿还率远高于预期值。这不仅可以证明促销活动的花费昂贵，也证明在一般情况下，品牌没有足够的产品来满足促销的需求量——这种情况使得品牌看起来没有信誉，并且会引起消费者的反感。

在奥运促销的案例中，受到损失的是麦当劳，而非他的客户。但是其2006年在日本促销活动的失败，让公司不得不公开道歉。由于其奖品具有潜在的破坏性问题，他们不得不启动了危机公关模式。在这次活动中，如果顾客在可口可乐的杯子上找到了获奖代码，他们就可以获得内部已下载10首歌曲的麦当劳品牌MP3播放器。由香港某营销公司提供给麦当劳10 000台MP3播放器作为赠品。理论上来说，这是一个好的促销点子。但令人不快的是，其中的一些音乐播放器感染了恶意软件病毒，当消费者带着奖品回家，并把它们连接到电脑上时，这些病毒开始窃取密码和用户名等敏感信息，使消费者有被欺诈的风险。麦当劳紧急通过其网站上的链接告诉人们如何下载防病毒软件来处理特洛伊木马间谍软件，并开通了消费者服务热线，将所有MP3播放器换成未感染的全新产品。麦当劳对此次事件表示了极大的歉意，并对感染病毒的原因进行调查。

狄摩西咖啡在出现技术问题时应对迟缓

线上促销方式可能会引起病毒式传播，有相当大的风险。如果在其条款中没有明确的限制，或者虽然有这些限制，但没有确切地传达给消费者的话，那就有可能造成消费者的需求无法被满足。这不仅不能树立品牌口碑，反而会危害到品牌名誉。加拿大的全球咖啡品牌狄摩西咖啡（Timothy Coffee）就是这样的一个例子。当他们的脸书促销活动失控时，其所面临的境况比他们的阿拉比卡咖啡豆还要苦涩。2011年12月，作为感恩节的后续活动，狄摩西决定将他们剩下的当季咖啡作为奖品回馈给消费者。12月16日，狄摩西向每一个在脸书上关注它的消费者赠送24杯装的“完美南瓜”咖啡四盒，每盒零售价为17加元左右。人们只需要点一下关注键，狄摩西就要送出四盒咖啡，这样的开支恐怕连圣诞老人都承担不起吧。

考虑到人们对于免费物品的热爱，不难预测接下来会发生什么。脸书上的关注数如火箭般飙升，人们的评论充满了对狄摩西慷慨行为的赞誉。少部分看热闹的人认为，这事情太好了以至于怀疑是不是假的。但是，由于这个赠送来自一个声誉良好的品牌，并且似乎是合法的，所以这个消息以星火燎原之势被人口口相传。狄摩西核心顾客群之外的人聚集到其脸书主页希望多少能得到些什么。不到三天时间，咖啡库存已经耗尽。对于那些已经关注脸书但没拿到赠品的人，狄摩西告知他们由于“技术问题”，他们的咖啡还在路上。

圣诞节的情况还在恶化，但似乎狄摩西的团队没有给予推广活动更多的关注。即使显然无法向所有报名的用户兑现这个承诺，但公司也是直到新年才对此做出回应。

最终，在1月4日，狄摩西申明，这次赠送活动是“先到先得”，并补充说，那些错过赠品的人会收到一封电子邮件。人们在脸书上对此的反应不一；一些粉丝感谢了公司慷慨的本意，其他在网络上填入了个人信息但却没有得到赠品的人却觉得受到了欺诈而情绪激动。又过了一周，狄摩西为他们所犯的错误发布视频道歉。营销服务总监玛丽克劳德·德苏洛（Marie-Claude Dessureault）表示，那些已经报名参加促销活动的顾客将收到12杯装咖啡的优惠券，并保证本次活动中填写的所有个人信息都将被删除。

随着时间的流逝以及对该事件的反思，策划此次促销活动的营销人员会从这个不愉快的经历中学到些什么呢？狄摩西位于加拿大魁北克省的母公司绿山咖啡烘焙公司的营销创意总监莱提纱·索利贝斯（Laetitia Sorribes）告诉我，相较于更容易把控的传统市场营销手段，她和她的同事现在将更多的注意力放在更容易出现失误的社交媒体渠道上。

“这对我们来说是一个非常有学习意义的经历，因为我们显然并不希望发生这样的结果。这是我们第一次运用社交网络做产品推广，我们所学到的是信息传播速度非常快。你必须保持警惕并及时对客户做出反馈。这种反馈是一种非常快速且直接的互动方式，消费者期望你诚实并能提供超越他们期望的东西。”

狄摩西在听取社交媒体专家的意见后拍摄了道歉视频，索利贝斯非常确信，当在社交媒体上推广的市场营销活动出现问题时，向消费者道歉并解释出错的原因，对维护品牌在消费者心中的信心是非常有必要的。现在，根据索利贝斯的说法，公司在策划促销活动时都会考虑得非常仔细和全面。技术缺陷是导致2011年12月促销活动失败的主要原因：当时应该有个计数器来倒数用于促销的所有库存量，库存量为零时它会自动发出提醒，但当时却没有这样一个东西。因此，现在的促销活动在推广上线之前都必须经过严格的技术测试。此外，索利贝斯还表示，该公司在促销活动中增加了促销品的数量，以尽量减少顾客因没得到赠品而产生的失落感。另外，由于之前的促销问题发生在假期期间，公司没有人可以在第一时间回应外界的批评，这也造成公司的名誉受到较大的影响。因此，现在促销活动一般都放在周一上线推广，以保证整个策划团队都能整周监控营销情况，并对所产生的问题及时做出回应。

低估需求可能导致消费者对品牌失去好感，从而产生负面影响。无论怎样，狄摩西都不是唯一一个在脸书策划活动中完全失败的品牌，它甚至都不是唯一一个犯错的加拿大品牌。欧莱雅（L'Oréal）也搞砸了为其新香水品牌午夜玫瑰（Tresor Midnight Rose）做的第一次赠品促销推广活动。该活动赠送2000个免费的香水样品，其代言人是电影《哈利波特》的明星艾玛·沃特森（Emma Watson），活动推广为期五晚，每晚都从午夜开始。在促销活动第一晚的00：02，就有3000人登陆脸书的活动页面索取样品，导致欧莱雅的服务器崩溃，从而无法提供样品。加拿大欧莱雅首席市场运营官玛丽·约瑟·拉莫特（Marie Josee Lamothe）向国家邮报公开承认："我们给那些错过活动的消费者带来了巨大的失望，我们必须重新调整思路。""我们没有预料到会有这么大的流量。现在，当我们在脸书上做市场营销时，我们都会高估预计规模，因为一旦消费者对营销活动失望的话，他们就会发出许多负面言论。"

消费者当然会这样做。如下例所示，即使在愚昧的20世纪，那时还没有社交媒体，但消费者长期以来都很擅长表达他们的失望，且表达方式非常有说服力，这会对品牌造成相当可怕的后果。

胡佛的航线促销失败——可能是历史上最糟糕的促销

什么是那个能够唤起人们回忆的品牌——胡佛（Hoover）？并且它的名字也因有双重含义而不同寻常。曾几何时，它在家电行业占据着巨大的市场份额，使得人们就直接将吸尘器叫作胡佛。即使现在人们都在用戴森（Dyson）的产品做家务，但这也无法改变胡佛成为吸尘器代名词的状况。但在产品推广领域，胡佛却是一塌糊涂，它也成为市场营销灾难的代名词。

促销灾难的种子是1992年夏天在南威尔士州埋下的。胡佛英国总部的高管正在集思广益以何种方式来推动销售，从而能在经济萧条期清除库存。有人指出，飞行里程积分计划和其他涉及飞行的促销活动很受欢迎。因此，胡佛在美国的母公司美泰克（Maytag）指示其与一家旅行社接触，并开始塑造自己的推广计划。推广计划的创意非常简单：任何为胡佛产品（如真空吸尘器和洗衣机）支付超过100英镑的人都可从六个欧洲目的地中选择两次免费飞行。胡佛被几家品牌推广风险管理公司警告，其计划存在一些潜在的严重缺陷。一家风险管理公司（PIMS-SCA）的总经理马克·金波（Mark Kimber）是胡佛咨询的风险专家之一。他觉得顾客只需付出相对低廉的价格就能获得高价值的回报，这对厂家来说是毫无意义的。“我告诉过他们承担不起这样的活动。”金波回忆到。然而，胡佛的营销人员却勇敢地推出了这个促销活动。

通常，吸尘器和洗衣机是被动购买的，购买它们是为了替代已经损坏的旧型号机器。胡佛公司一开始尝到了甜头，他们的销售额大幅上涨，绝大部分消费者的家用电器并没有损坏，但由于活动的吸引也购买了其产品。事实上，活动的需求量如此之大，以至于胡佛决定推出第二个版本的促销活动，这次提供的是飞到美国的机票，并将其投放电视广告，以“两张回程的机票已经售完”作为标题吸引消费者。

真正令人难以置信的是，胡佛给自己带来的灾难规模巨大。其合作的旅行社正在艰难地做出有足够的机票满足欧洲航线活动的保证；广告鼓励更多的人尝试兑换欧洲机票的优惠券，也让很多观望已久的大洋彼岸的旅客抓住了低价买入回程机票的机会。胡佛的工厂全力运转，每周工作7天，却仍然不得不临时雇用75名员工。但是，消费者购买胡佛产品并不是因为要急用，而是为了得到机票。他们专挑市场上最便宜的产品购买，很快二手市场充斥着胡佛洗衣机和真空吸尘器，许多产品还未拆封。竞争对手对自己产品的销售量暴跌感到吃惊。然而，他们遇到的问题与胡佛面临的问题相比根本不值一提。

胡佛预测的机票申请量在50 000张左右，但实际数量却是30多万张。旅行社不得不雇佣更多的工作人员，但仍供不应求，无法得到足够的低价票。突然，胡佛疯狂地以高于其产品市场零售价的价格购买机票以满足促销需求。金波说："航空公司很快就意识到，如果有人打听到美国的胡佛航班，并且想要大量座位，他们就可以以任何价格收取费用，因为胡佛已经陷入绝境。"胡佛的管理层不得不四处筹资数百万英镑以填补快速上升的开支。他们的市场营销计划如果多推算几遍的话也不至于像现在这样一塌糊涂。该公司希望消费者只购买其产品，并忽略这些写在角落里的赠品附加条件。但公众就是因为赠送机票这个诱人条件才购买了他们的产品，他们错误地预判了这一情况。胡佛还希望其零售商能够在商店内提升销售额，但客户不想要更昂贵的型号或配件，他们想尽可能少地付出代价，因为他们去买东西仅仅是为了获得机票，而不是电器。此外，胡佛还指望其旅行社能够卖出像旅行保险、租车及酒店预订额外服务以赚取利润弥补亏损，但只有很少人会购买这些服务。

为了竭力使成本可控，胡佛故意为奖品兑换制造障碍。消费者很难将电话打进公司线路，即使打进了，他们也时常被告知他们想要的航班已经售完。许多人都觉得上当受骗了，并将其不满诉诸媒体。

胡佛的声誉越来越差，尽管他们有时候利用欺诈的手段阻止亏损，但是这次促销所造成的损失仍在逐渐增长。消费者对胡佛对待他们的方式感到十分气愤。没有人比英雄人物桑迪·杰克（Sandy Jack）这位第二次世界大战期间两次负伤的英国皇家海军陆战队队员及前任校长更为愤怒了。他成为第一个将胡佛因此次促销起诉到法庭的人（Hoover v. Jack，Sheriff Court，Kircaldy，Fife，1993）。杰克开创的诉讼先例及他在新闻报道中展现的勇气和毅力具有很强的激励效果，鼓励了许多人与胡佛进行斗争。

杰克与哈利·齐希（Harry Cichy）一起于1993年组建了“胡佛假期施压组”，作为集结愤怒消费者的据点，并设法说服公司履行义务。杰克和齐希联系了公平贸易局和BBC英国广播公司消费者事务频道《监察人》节目组，要求他们调查胡佛公司，甚至向女王陛下提出请求，要求撤销胡佛的王室认证。《监察人》调查了客户的投诉，并派出了一名卧底研究人员，以曝光胡佛的狡猾。该事件甚至被提交至下议院讨论。1993年3月，该公司承认，这个运气不佳的促销活动至少需要花费2000万英镑的费用，并开除三名为此次营销失败负责的高管。如果胡佛认为此事件就此结束的话，那它就完全错了。

两个月后，坎布里亚郡一名愤怒的赛马训练师以一种高效的方式发泄其愤怒而成为了民族英雄。大卫·迪克森（David Dixon）为了让自己的家人能获得飞往佛罗里达的免费机票而持续奋斗着。雪上加霜的是，他所买的胡佛洗衣机出现了故障。上门维修的技术人员不明智地说，任何相信他们能通过购买洗衣机获得两张免费美国机票的人都是白痴。迪克森大怒，他用自己的货车堵住了胡佛的货车并将此车扣押，他告诉记者，直到胡佛兑现其承诺他才会放走货车。

媒体将其里三层外三层地围了起来。一家报社会给他一次免费的美国假日旅行，另一家报社将支付他所需的任何法律费用。警方接警赶到迪克森的家中，但却拒绝介入，并将争端判定为民事事项。几天的工夫，迪克森已经收到了来自其他消费者的80多个电话，这些消费者都为得到免费机票而四处奔波。这次营销惨败的规模逐渐清晰，消费者看到了聚集在一起的优势，“胡佛假期施压组”日益壮大。

齐希和杰克聪明地购入少量胡佛美国母公司美泰克的股票，并出现在爱荷华州牛顿的公司股东周年大会上。杰克对满满一房间的股东发表了讲话，并接受报社和电视记者的采访。这个故事甚至出现在当地最大报纸《得梅因纪事报》的首页，并在全国电视台及《今日美国》《华盛顿邮报》等知名报纸上占有大量篇幅。在参加股东周年大会之前，齐希和杰克前往美泰克总部，与公司CEO 伦恩·哈德利（Len Hadley）会面。不过，哈德利在会见前的最后一刻变卦了，让美泰克的通讯部长吉姆·鲍威尔（Jim Powell）出席会议。“他本来已经做好万全准备将我们从美泰克总部逐出，”齐希告诉我，“但是，电视和媒体对此事的关注使他们不得不放弃了这个想法，他们的万全准备就是联系了牛顿当地负责美泰克地区巡逻的配枪警察！”齐希还告诉我，有一群私家侦探跟踪着他在牛顿镇的一举一动，并跟踪他回到英国。他说：“我被一位顶尖的律师告知，不要招惹这家公司，这是我永远会记住的事。”

但是，齐希和杰克没有被吓倒。在鼎盛时期，“胡佛假期施压组”有8000多名成员，并提出了集体诉讼。它帮助数百名消费者将胡佛告到遍布全英国的小额法庭。齐希说：“胡佛有一个健全的法律团队在全国处理法律案件，一时间法院令状比胡佛的航班还要多。此外，胡佛还通过庭外和解解决了更多的案件，让原告签署了保密条款，承诺此后他们不能揭露这些协议的细节。”

对胡佛的一系列法律起诉一直持续到了促销活动发生整整6年

后的1998年。到最后，胡佛的欧洲公司共支出了5000万英镑用于赔偿。美泰克将其业务脱手给意大利公司坎迪（Candy）。总计有220 000人次坐上了胡佛的航班，但仍有380000人无法如愿。

齐希总结说："一名不满的客户可能会选择放弃。然而，一个有目标驱动、精通媒体、会利用网络力量及负面消息传播速度的组织却不会放弃或停止维权。我们没有停止努力，而我们的努力也的确使得胡佛的销售越来越差，他们的品牌声誉也因此受到极大影响。"

大闹公墓——胡椒博士无礼的寻宝

软饮料胡椒博士（Dr Pepper）有23种不同的口味，分享这个细节会让你永远感激我。2007年年初，该品牌围绕这一信息进行了广告宣传，并决定用170万美元现金开展促销活动。这项促销活动名为"搜寻更多"，即参与者要在美国和加拿大各城市的不同地方搜寻23枚奖币。每枚奖币的价值不同，最高的可以换得100万美元，消费者被鼓励寻找奖币的踪迹，这相当于精致的寻宝游戏。每枚奖币有30个线索，线索会于太平洋时间每晚午夜时分在活动网站上公布，消费者需要从胡椒博士产品上获取密码来解锁每一步，这种做法鼓励消费者每天都要购买该饮料。每枚奖币的寻宝起点总是与藏匿之地相距很远。每个线索带领选手到著名的地标中使用罗盘定位地理位置。直到最后一个线索之前，选手都不需要真正走出去寻找硬币。有一段时间比赛很成功，并且真的成为了一项搜索奖品的活动。当时，地理寻宝这一活动越来越受到人们的关注并推动了GPS定位技术的普及。根据选手在网站注册时所输入的邮政编码，他们会得到其所在区域中藏匿奖币的相关线索。

这枚价值100万美元的奖币在休斯敦公园里被一名23岁的毕业生兼狂热的宝藏猎人劳拉·詹尼斯（Laura Janisch）发现。然而，讽刺的是，寻找那枚1万美元奖币的事件引起了更大的轰动。与胡椒博士合作推广的营销机构聘请了一名私人侦探，他自作聪明地将这枚特定的奖币藏在了位于波士顿拥有350年历史并有着巨大历史意义的谷仓墓地，这里不仅仅是美利坚合众国一些创始人的安息之地，在革命战争期间骑行整晚警告英军压境的爱国银器匠保罗·雷维尔（Paul Revere）及“独立宣言”的三个签名人——塞缪尔·亚当斯（Samuel Adams）、约翰·汉考克（John Hancock）和罗伯特·潘特恩（Robert Treat Paine）也安葬于此。总而言之，约5000名波士顿公民的遗体安葬在谷仓墓地，其中许多是当地著名人物和国家名人，并且其中有近2500个墓碑、坟墓和纪念碑，而有些已经受损了。此外，这里还有一座25英尺高的方尖碑，是本杰明·富兰克林父母的坟墓。

与所有其他线索一样，位于波士顿的这枚奖币的最后线索是在太平洋时间的午夜公布，此时相当于马萨诸塞州的凌晨3点。由于对奖金的极度渴望，参赛者一解出奖币的所在地就动身前往公墓。一些人完全不顾黑暗和寒冷的天气，像幽灵般聚拢在墓地周围。当他们抵达那里时，发现墓地的门锁了，而且在日出之后门依然锁着。波士顿公园及娱乐场所管理部门表示，对胡椒博士的促销活动毫不知情，由于公路结冰而变得光滑，容易产生危险，因此他们前一天就因公共安全的原因关闭了墓地。上班之后，该部门的电话便响个不停。几十个愤怒的宝藏猎人要求知道他们什么时候可以进入墓地搜索奖币。明智的是，考虑到对重要纪念碑可能造成损害的危险，以及过度愤怒的选手在光滑冰面上滑倒受伤的风险，公园及娱乐场所管理部门决定继续关闭公墓。部门发言人玛丽·海因斯（Mary Hines）说："我认为关闭大门的原因是不可抗力，是老天的旨意让宝藏猎人们待在外面。"为此，还派出一名警卫以确保无人闯入。

胡椒博士因此放弃了其在波士顿的促销，通过随机选择参与者的名字，放送了这笔1万美元的奖金。投放这枚硬币的私家侦探蒂莫西·沙利文（Timothy L. Sullivan）被派去将放在具有200年历史的地下室入口处的黑色真皮袋取回。胡椒博士品牌负责人吉百利·施维普斯（Cadbury Schweppes）向波士顿市道歉，并坦承奖币不应该被藏在神圣的土地上。波士顿公园专员托尼·保拉克（Toni Pollak）在接受波士顿环球报采访时说："这绝对是对历史的不敬，是对安葬于此的我们国家祖先的侮辱。"

市府官员特别愤怒的是，这个促销失误是在另一个营销灾难出现后不到一个月发生的，上一次的灾难由卡通网络公司（Cartoon Network）引起，那次事件造成了波士顿市中心的重大恐怖警报。吉百利·施韦普斯衣着光鲜地在市政厅门口向墓地捐助了1万美元并为警方行动的开支埋单。

为什么我不能买优惠冰激凌？贸易伙伴置德·诺费奥于困境

从美国的冬天到秘鲁的夏末，从冰天雪地到冰激凌冰爽一夏。2009年3月，雀巢公司旗下的德·诺费奥（D'Onofrio）公司发起了一项名为"谢谢你，秘鲁"的促销活动，感谢秘鲁人在夏季购买其冰激凌。德·诺费奥是冰激凌市场上的主导品牌，具有丰厚的资产，其供应商的亮黄色三轮车是秘鲁城市街道上熟悉和令人珍爱的景象。在该促销活动中，3月27日（星期五）和3月28日（星期六）这两天购买的所有冰激凌的价格仅为1索尔（约30美分），而德·诺费奥产品通常的价格为3.5索尔，活动信息被迅速传播，并且引起了公众的巨大期盼。

糟糕的是，当促销开始时很快就产生了问题，人们发现很难找到卖冰激凌的三轮车。而且，并不是所有销售商都坚持这项促销政策。有的商家声称已经卖完了所有德·诺费奥的产品；其他商家则试图说服消费者，他们只能用全价买一个冰激凌之后才有资格花1索尔再买一个。人们对于此次促销的信任比阳光下的巧克力冰激凌融化得还要快。他们感到被欺骗了，愤怒的秘鲁人在社交媒体上表达不满，并联系报纸和广播电话投诉。德·诺费奥处于危机之中。

该促销活动从创意到执行的过程中怎么会变得如此糟糕呢？这场混乱的原因是，德·诺费奥不拥有也无法控制其销售渠道。大多数销售商作为独立的个体，以采购价从食品商那里购买产品，然后以更高的零售价格向公众出售。在“谢谢你，秘鲁”的促销活动期间，一些销售商经不住在活动之后以正常零售价格出售冰激凌以获得更大利润率的诱惑囤积库存。德·诺费奥根本就没有搞定冰激凌的销售商从而让他们遵守促销活动的规则。

公众对德·诺费奥未能履行其承诺相当愤怒，以至于秘鲁消费者协会（ASPEC）向秘鲁国家竞争和知识产权保护局（Indecopi）对雀巢公司提出了投诉。雀巢辩称，此次促销已经给了平时吃不起其高价产品的贫困孩子低价吃冰激凌的机会。秘鲁国家竞争和知识产权保护局对此并不认同，2011年3月，以广告欺诈之名对该公司处以140万索尔（约50万美元）的罚款。一个为了感谢消费者的促销创意最终因为无法兑现自己的承诺而惹恼了消费者，我们从这件事情中学到的是，在营销活动中所有的贸易伙伴都要完全参与其中才可以。

太困难、太简单……太多脂肪，新考文特花园、沃克斯和吉百利的故事

任何向消费者提供奖品的促销活动都不能太过容易，也不能太困难。如果获奖太容易了，人们会觉得这对该品牌来说花费巨大。如果太难获奖，参与者会觉得他们被骗了，并可能会引起不满。新考文特花园的汤（New Covent Garden Soup）和薯片品牌沃克斯（Walkers）为我们提供了结果相反的范例。2011年10月，这个知名的汤品牌及其姊妹品牌农舍市集（Farmhouse Fair）推出“赢得一座农场”的促销活动，该活动提供价值50万英镑的农场作为一等奖和50双焦耳斯（Joules）设计的长筒雨靴作为亚军奖品。

汤盒和布丁上印着活动代码。任何想参加活动的人都可以将他们的代码输入特定的活动网站。网站打出“赢家将可以获得属于自己的农场，或者用现金填满他们的长筒雨靴”的口号。总共有26万多人参与本次活动，但至今没有人赢得一等奖，而且大部分的长筒雨靴也没有人认领。印着获奖代码的纸盒子可能已经被丢弃了。许多买家因为太忙而无法参加活动，有的人没有兴趣参加，有的没有注意到活动，或者有的人在打开产品后才注意到，但此时盒子上已经满是油腻的汤渍和发黏的糖渍而无法参与活动了。

该活动由市场营销协会提前审查过，该协会发现其条款和条件完全合法，并符合促销活动的规则。但这并没有改变26万多人参与而许多人没有获奖的事实，这让不少参与者感到不满。该品牌的官方网站和脸书页面上陆续出现了负面评论，消费者觉得他们是骗局的受害者。媒体迅速介入此事，导致新考文特花园汤品的名誉一损再损，

《每日电讯报》以“汤品企业的赢农场活动变了味”为题进行报道，《每日邮报》选择了以长到足可以成为整个新闻故事的标题来报道：“赢得一座农场活动的每个参与者都是失败者：汤品公司面临26万人参与但没人获得50万英镑奖金的消费者们的愤怒”。由于本次活动存在欺诈的可能，该公司因为该行为忙得不可开交。

“当人们看到有人可能赢得了一对名牌长筒雨靴时，他们认为这是最大的欺诈。”促销风险专家马克·金波（Mark Kimber）说，“该公司应该多设一些次级奖项，把奖项的分布做成金字塔形，如果在奖池中获得大奖的机会是1/50，你需要在奖池中加入许多二、三等奖以增加活动的可信度。这是一个愚蠢促销的典型案例。”

我预测百事可乐公司的薯片品牌沃克斯（Walkers）在其“每次下雨时获得10英镑”促销活动中的回报率为0左右。在2010年的这次促销活动中，沃克斯将英国地图划分为21 000格的网格。在将薯片包装上找到的密码输入沃克斯网站后，参与者可以在地图上选一个网格点，并预测该国该地区是否会下雨。如果他们的预测正确，将赢得10英镑的奖金。气象台提供每日的降雨数据，以表公正。任何一个对英国天气有一点认知的人都可以直接预言到此次促销活动的风险。我们不是在这里说阿塔卡马沙漠的降水量，英国的降水量很大。总共有128 000名获奖者，薯片制造商支付了大约130万英镑的奖金。对于像沃克斯那样大的品牌来说，这个金额并不是毁灭性的，但毫无疑问，这笔钱可以花在更好的地方，比如说可以送出印有公司标志的雨伞。

促销活动如何才能收效？像“技工”对机器的了解一样，促销需要对品牌和消费者有所了解。品牌契合度也是重要的因素之一。适用于一种产品或品牌的促销活动可能不适用于另一种。圣保利超市

（Sainsbury）自2005年以来，每年都成功举办“让孩子动起来”的活动，向学校和其他组织的购物者发放代金券，以兑换运动器材和体验活动。大卫·贝克汉姆和残奥会运动员艾利·西蒙德斯（Ellie Simmonds）是2013年该活动的代言人——作为“让孩子动起来”活动的一部分，超市集团向约50 000个不同的组织捐赠了超过1.2亿英镑的设备和体验活动。

然而，2003年，当巧克力制造商吉百利（Cadbury）推出类似的计划“吉百利让你动起来”时，它立即招致了严重的批评。独立监督机构食品委员会发布了一份骇人听闻的调查稿：“为了赢得吉百利最昂贵的奖品（一套排球网），中学生需要吃5440根、总计含有超过33千克脂肪的巧克力棒，摄入将近125万卡路里。”英国饮食协会则斥责吉百利将运动与巧克力之间建立联系，而接受卫报采访的政府顾问兼国际肥胖专责小组的创始人菲利普·詹姆斯（Philip James）教授则表示：“这是一个说明为什么食品和软饮料行业无法被接受的典型例子，因为它们是导致全球性肥胖问题的主要因素之一。他们总是试图将人们的注意力转移到体育活动上。独立分析师发现，吉百利的玉泉汽水是所有产品中最影响孩子健康的产品组合之一。”吉百利的促销活动早于圣保利两年开展，但显然，相较于巧克力品牌公司，能买到水果和蔬菜的地方更容易被人们接受并被视为健康生活的倡导者。

更多糟糕的促销活动

◎ 2007年，纽约美食杂货店巴尔杜齐（Balducci）为犹太节日进行了“美味光明节”的肉类特别优惠活动。促销出了什么问题呢？出问题的是火腿，火腿由猪肉制成，犹太人认为猪肉不洁净而坚决不吃。

◎ 2012年10月，美国东海岸遭遇了一场“桑迪”飓风，美国制衣公司（American Apparel）因其麻木不仁地推出“桑迪飓风折扣”而受到消费者及媒体评论员的痛斥。在其发给消费者的促销邮件中，该服装零售商为了“防止顾客因台风而无聊”，在36小时内将其库存以八折出售。

◎ 在1994年的美国世界杯期间，喜力啤酒（Heineken）将所有参赛球队的国旗都印在瓶盖底部。不幸的是，该酿酒商没有考虑到伊斯兰国家沙特阿拉伯也是参赛球队之一。沙特阿拉伯国旗上的“萨哈达”是伊斯兰的信仰宣言，将其用作任何形式产品的市场营销都是不妥的，而将其用来促进酒精的销售更是完全不能被虔诚的穆斯林所接受。当该错误被发现时，喜力啤酒不得不回收这些啤酒并放弃此次促销。

◎ 2011年，一家英国烘焙业的小企业“要蛋糕”（Need a Cake）在省钱网站“团购网”上推出促销活动，公司获得了太多的订单，以至于公司几乎被堆积成山的纸杯蛋糕所挤满。这些致使公司亏损的七五折订单总计有102 000个手工制作的纸杯蛋糕，远超平时每月的100个。在疯狂招揽25名员工协助搅拌、烘焙、装饰以完成订单之后，这家只有不到10名全职员工的中小型公司损失了一年的利润。公司创始人雷切尔·布朗（Rachel Brown）表示，这次的促销活动是她所做过的最糟糕的商业决策。

◎ 2011年12月，《纽约时报》发送了一封电子邮件，为了吸引最近流失的订阅者，提供为期16周的五折活动。但是，这封邮件原本计划只发给300名左右最近取消订单的订阅者，却被错误地发给了包括现有订阅者在内的800多万人。有些收件人在推特上开始猜测，《纽约时报》的电子邮件系统是否被垃圾邮件制作者入侵，而现有的用户则根据促销条款联系了该报社，要求给予其邮件上承诺的五折优惠。在刚开始的几个小时内，报社兑现了这个承诺，但随着退款请求源源不断地提出，继续遵守这一承诺将会影响订阅收入。所以报社改变了立场，并发布公开致歉声明。

◎ 高露洁（Colgate）鼓励消费者将旧电动牙刷兑换为新的高端ProClinical A1500型号产品。该优惠相当有吸引力。2013年7月9日凌晨5点，在开放兑换前的2小时，人们就开始在其位于伦敦滑铁卢火车站的促销摊位前排队。该摊位仅有约150支电动牙刷，很快被兑换一空。火车站担心广场上会出现混乱，就将摊位关闭，高露洁只能在社交媒体上致歉。该公司第二天就再次受到打击，其竞争对手飞利浦公司在报纸上发布其Sonicare型号牙刷的策略性广告，标题为“在生活中最好的东西不是免费的”，该广告同时出现在滑铁卢火车站的数码广告牌上，这让高露洁非常尴尬。但高露洁在网上推出了线上促销予以反击，提升了其赠品的数量。这引起了电动牙刷的大战！

窍门和教训

- 确保你对消费者的接受度有一个现实的判断。
- 在推广促销活动之前确保其合法性。
- 建立管控措施以防止零售或餐厅工作人员向朋友发送优惠券。
- 请记住，如果你将兑奖代码放在包装外部，人们无须购买就能轻易地在智能手机上拍下这些代码。

● 当顾客对你感到失望时，即使在你的促销条款中使用“售完为止”这样的词语，也可能没办法将你从民怨及媒体的质疑中拯救出来。

● 充分调动贸易伙伴参与你的促销活动。

第三章

Chapter 03

激起社交媒体的强烈抵制
轻率的推文、不合时宜的脸书发布和话题标签引发的恐怖故事

社交媒体既能引发一场战役，也能摧毁一场战役；不仅能给传闻添油加醋，还能让坏事传千里。在巴西，喜力啤酒想到用一个简单而又看上去很聪明的主意为人们带去欢乐。那就是，每当有人为喜力的脸书点赞时，办公室里就会有人吹起一个绿气球。随着点赞数的增加，绿气球也会变多，人们就会看到办公室里面那个人被气球淹没的画面，而这样的画面通过线上分享便可以给大家带去愉悦。

不过，如果气球是红色的，就成了地铁公司所制作的“愚蠢死法”公益广告中的特写，该广告是迄今为止最为成功的病毒式营销视频之一。在视频中，人们以软心豆粒糖果这种幽默的形象出现，并在朗朗上口的歌曲中坚定而欢快地选择愚蠢又残酷的死亡方式。借此，墨尔本运输公司成功地将乏味的公共安全广告转变成了社交热点。“愚蠢死法”的视频在全球范围内获得了很多奖项，在Youtube上的观看次数已经达到5000万，转发量超过10万，并且在脸书上获得

点赞次数超过300万。这是一个正面的杰出典范，表现了当信息被传递给目标观众时所达到的效果。然而，澳大利亚也曾经制作出媒体营销方面的灾难。

澳洲航空和其兴登堡式的推特——在错误的时间宣传奢侈理念

澳洲航空公司的飞机航行于世界各地，但整体来看，澳大利亚的国家航空公司还是会时常出现问题。2011年，宣称自身代表“澳大利亚精神”的澳航陷入了艰难的劳资纠纷。澳洲航空和分别代表飞行员、工程师与其他员工的三个工会之间在工资和工作环境方面的争议，随着时间的推移而不断恶化。同年7月，国际航班飞行员举行了自20世纪60年代以来的第一次罢工，并在航班上向乘客大倒苦水。同时，由于猝不及防的工程师罢工以及未经检查的飞机着陆，造成了服务中断和乘客延误。8月份，澳航公布了其改组计划，并将裁员1000人，且重点是亚洲地区的员工，这导致双方之间的关系进一步恶化。

新闻爆出后，澳航的飞行员内森·塞弗（Nathan Safe）——澳洲与国际飞行协会的发言人，他的姓一定是为了使乘坐飞机的人能够安心才这么取的（safe在英语里代表安全）——告诉《澳大利亚人报》的记者：“在飞行行业有一句谚语：‘如果你认为保障安全是昂贵的，那么可以试试遭遇一次意外。’你一辈子信奉安全至上，却不愿意为此支付几美金？”愤怒不断被激化，而眼下又没有任何解决方案，罢工就这样持续了整个9月份和10月份，并导致澳航每周收入减少1500万澳元，这对航空公司的信用也造成很大影响。由于双方都没有退让的意思，对峙局面陷入绝境。10月底，澳航为了打破僵局，采取了一个果敢而出人意料的行动。总裁艾伦·乔伊斯迈出了史无前例的一步，在双方达成合意之前，让所有员工都停止工作，停运所有航班，并指控工会破坏航空公司的战略和品牌。这一举措影响了70 000名乘客，让他们滞留在全球各地。澳洲总理茱莉亚·杰拉德对于航班停运而在经济方面给澳大利亚造成的影响表示担忧。为了最大程度降低此次事件对澳大利亚旅游业和商业造成进一步的影响，杰拉德明确指示澳洲公平工作委员会法院为了国家利益而结束这场纠纷。10月31日凌晨，澳洲公平工作委员会发出声明，所有的罢工行为必须立刻终结。

因此，在2011年11月，澳洲航空就一边在妥善处理受到此次事件影响的不满乘客，一边使其航空服务步入正轨，还要应付与员工之间不断激化的矛盾，尤其是11月11日，澳洲航空和国际飞行协会的飞行员们为了推翻澳洲公平工作委员会法院所做出的裁决而向联邦法院提起诉讼。这对航空公司来说可以称得上是噩梦般的时刻，而此时在社交媒体上进行推销必然是不明智的，尤其是在社交媒体对航空公司的评价基本上都是负面的情况下。可是，澳航却这么做了。从市场营销的角度来看，这的确是一个匪夷所思的例子。澳航的营销团队对最近给乘客造成的不便以及同利益相关者之间支离破碎的关系视而不见，在推特上公开询问人们心中对豪华飞行体验的梦想，并将主题标签渲染为#澳航豪华。毫无疑问，澳航所进行的广告宣传不合时宜，受到了其之前挫伤过的乘客的嘲笑和其他同情工会会员之人的批判。

营销团队的成员本以为航空公司所遭受的艰难时刻将被忽视和遗忘，但是其在推特上收到的第一个回复却并非好兆头。布鲁斯总结了他理想的豪华体验：“飞机能够安全按时抵达，因为有拿到合理报酬的澳大利亚员工对飞机提供支持和维修服务。”另外一个推特用户史蒂夫·丹写道：“飞机航班能够按时起飞，因为管理层不会随意停止航线的运营。”而另一个用户留下了痛心的回复，描写他急切想要回家见到自己10个月大的女儿时，却被滞留在世界的另一端。澳航无意中为那些受到影响的客户提供了表达其不满的平台。随着批判的声音不断增加，越来越多的人加入了此次声讨活动。对于他们来说，让航空公司陷入困境比获得澳航待价而沽的回礼更加有意思。而此次的礼品，刚好包括质地优良的睡衣——这或许象征着航空公司在此次失败的市场营销中的“梦游行为”。

其中，不乏好玩而又准确的臆测推文。网友Kiwi Kali写道：“在澳航总部的某个地方，一位中年经理正歇斯底里地命令一位年轻的社交媒体‘专家’马上终止一切广告（此处有大笑的表情）。”同时，网友吉瑞米提出了一些明智的意见：“给澳航的便条：当你在压榨员工时，不要在推特推出广告宣传。”在其他地方，此次宣传被描述成“社交媒体战略的兴登堡”。电视台记者萨利·萨拉在为澳大利亚广播公司报道阿富汗地区的争端时讽刺道：“#澳航豪华的公关主管不知道是否被派往悉尼—喀布尔的首航。”此次社交媒体一边倒的舆论持续升温，最终澳航用一语双关的方式做出回应：“照这样的情形，我们的#澳航豪华比赛可能需要几年的时间才能决出获奖选手。”怎么会！任何一个有常识的人早就已经对此事下了结论——这是一次惨烈的营销失败。

简而言之，#澳航豪华在澳大利亚的推特上成为热点主题。如果评论大都有利于澳航的话，那么对其社交媒体团队来说这便是一场意外的胜利。然而，人们却一窝蜂地用严词责备航空公司，显然澳航已经完全不了解消费者的情绪了。作为世界上历史最悠久的老牌航空公司之一以及澳大利亚形象的代表——从飞机尾翼上的袋鼠标志到可以追溯到1920年的古老全名，即昆士兰和北部地区航空服务——澳航多年来赢得了很多尊重和喜爱。但是，这样历史悠久的品牌同时也带来了很高的期待和压力。澳大利亚人对其国家航空公司的期待要比其他航空公司更高。人们对严重故障失望，对航空公司所做出的决定表示担心，对澳航的信任不断被侵蚀。所以说，此时在推特上进行宣传完全是不合时宜的。

麦当劳的烂摊子——话题标签的选择让麦当劳遭受批评

公司通过社交媒体网络让消费者分享对品牌或者服务的看法存在很大风险。2012年1月，快餐连锁店麦当劳无意间为消费者搭建了一个平台，并于同一天在其官方推特上发表了几句推文，之后只能自食其果。两个推特都对麦当劳的原料供应，如牛肉、土豆和生菜进行了赞赏，并且合并生成话题标签#麦当劳的故事。其中一个人这样写道："遇到一些勤奋工作的人每天都为麦当劳餐厅提供有质量保证的原材料。"并为感兴趣的消费者附上了一个链接，可以在麦当劳公司网站上看到有关农民的视频内容。通过多次利用#麦当劳的故事这个标签，这家连锁餐厅推动了这些话题，并通过有偿服务为此次活动造势以增加其推特的热度。这一切发生的太突然了，就像免下车点餐专用道窗口所提供的汉堡一样，此次活动已经不受麦当劳公司的控制了。麦当劳之前推文中的宣传广告为夸大其供应商而使用了明确的词汇#会见农民。#麦当劳的故事所表达的欢迎态度让消费者误以为是邀请其对麦当劳的供应商分享经历并发表观点。

一时间，那些想要诉说负面故事或者想要攻击金拱门（暗指麦当劳的标志）的人，通过#麦当劳的故事表达了其消极的言论。推文内容包括在麦当劳的汉堡包里面发现手指甲而导致消费者呕吐的故事。还有恶意诋毁者的评论，尽管篇幅短小，但却字字中伤麦当劳，比如简洁却令人难忘："麦当劳洗肾？我就喜欢！"

在伊利诺伊州奥克布鲁克总部看到对这种批判的集体式狂热后，麦当劳社交媒体部主任瑞克立马意识到了此次宣传活动已经超出原先计划的轨道。于是，他在1小时之内便撤掉了宣传广告，并改变麦当劳的宣传方向，重新推出原来那个#会见农民的宣传主题。麦当劳声称，1月份在推特上对于#麦当劳的故事的评论要比对蛋挞的评论还要恶意中伤。毫无疑问，像麦当劳这样的大企业能够吸引很多开心的消费者，并且每天都会在2万多个推文中被提及。即使如此，也不能认为此次社交媒体上的失误是微不足道或者无关紧要的。当某个宣传活动像这次一样偏离轨道时，就必然会使得新闻超出媒体平台的控制。世界上的网站和报纸用调侃的语气对此次麦当劳营销失败的事件进行了报道——有些还对其添油加醋。《福布斯》的头条就是"当话题标签成为批判标签"，而加拿大的《环球邮报》则更偏爱以"麦当劳不喜欢失控的话题标签宣传活动"作为头条。

当换成原来的话题标签之后，批评性推文的数量大幅减少。麦当劳决定不直接涉足#麦当劳的故事这一话题标签的诋毁者活动，尽管与此同时它公开反对动物权益压力集团PETA，该集团在推特回文上声称麦乐鸡块所用的鸡肉是用机械切割的。麦当劳在回复PETA推特中坚决反对这种说法，坚称其畅销产品所使用的是在美国农业部监管下的鸡胸肉。一时间，麦当劳品牌的声誉受到了通常只有其汉堡包才会碰到的强烈冲击。但如果麦当劳更加关注其竞争对手快餐连锁店温蒂汉堡的经历，即2011年温蒂汉堡推出#这就是牛肉的话题标签时所遭受到的批评，这一切本来是可以避免的。如果一个话题标签能够很容易地就被解释为贬低的信号，那么人们就有可能会以牺牲品牌所有人为代价而自娱自乐。因此，在发布一个话题标签之前务必要深思熟虑，对其如何被看待、被滥用多花一些时间进行考虑，这比推出一个汉堡和薯条所需要的时间要多得多。

市区的陋行——维特罗斯和科尔斯超市对填词游戏懊悔不已

相比于竞争对手如乐购、阿斯达、圣柏利和莫里森，英国超市连锁品牌维特罗斯（Waitrose）的定位更加高端。但当维特罗斯让推特达人完成“我在维特罗斯买东西是因为……”这个句子时，却发现自己变成了被幽默挖苦的对象，以下便是其中一些有趣的回答：

- “我在维特罗斯买东西是因为克拉丽丝的小马不吃阿斯达超市的稻草。”
- “我在维特罗斯买东西是因为，亲爱的，哈罗德百货对于工作日要逛超市的人来说太远了。”
- “我在维特罗斯买东西是因为他们的配色方案刚好与我的路虎颜色很配。”
- “我在维特罗斯买东西是因为我有一次听见一个6岁的男孩在商店里说：‘爸爸，单词Lego里面是不是跟Merlot一样最后有一个字母T？’”
- “我在维特罗斯买东西是因为如果你买一满缸直升机油的话，买香槟的时候能够打九折。毕竟这也是一种优惠。”
- “我在维特罗斯买东西是因为维特罗斯超市使用了正确的量词，这一点很重要。”

●“我在维特罗斯买东西，但是用乐购的袋子重新打包，那么小区的其他人不会知道我中了欧洲乐透彩。”

对维特罗斯来说，这些打趣仅有的优点在于很多语气都是比较缓和的、有礼貌的——有人可能会说，这与商店自身的价值观和定位一致——还甚至可能巩固其在中产阶级购物群体中的吸引力，这些顾客对该品牌的进取精神颇感兴趣。不幸的是，这和超市希望吸引更多消费者所做出的努力（试图降低某些产品的价格，与其竞争者如乐购价格一致）完全相背离。

维特罗斯在推特上做出回应：感谢所有真实而有趣的#喜爱维特罗斯理由的推文。我们总是希望倾听你们所想，享受阅读这些推文。活动自然而然地像病毒般扩散。尽管事实上并没有像维特罗斯所希望的方式进行，但此次活动却以非常得体的、很大程度上以良性的方式发展。台面上任何一个鸡蛋的质量都能够达到维特罗斯品牌大使赫斯顿·布卢门撒尔（Heston Blumenthal）的精准要求，他同时也是米其林星级厨师和备受尊重的分子料理改革者。

同样，2012年，澳大利亚超市集团科尔斯（Coles）使用其@科尔斯的推特工具，让人们完成句子填词，即“在我家，不买……是一种犯罪”，并因而备受争议和批判。一时间，吹毛求疵的评论开始出现。其中，有人便开始批评科尔斯对其供应商的待遇，并用以下内容补充了句子：“……让初级产品生产商存活下来而定价的面包和牛奶”。还不到1小时，科尔斯就撤销了活动，并发布了一条缓和气氛的推文：“抱歉朋友们，独立完成句子填空‘不……是一种社交媒体犯罪’这个帖子不适合在推特发布！”

把人类悲剧变为营销灾难——凯尼斯·柯尔、哈比塔特、微软和盖璞

依附于新闻热点可能是一种高性价比的市场营销模式，能够让品牌出现在新闻报道中并与时俱进。但是，通过依靠推特的趋势来这样做也伴随着风险。为自身品牌选择错误的新闻或者误判推特的语气或时间都有可能被控诉为无情、愤世嫉俗的剥削和麻木不仁的投机主义。抓取体育或文化方面的新闻，或者深挖名人的绯闻——如果这些内容对品牌而言是有利的，那么这相比于在重大新闻或者可能存在分歧的政治事件中被提及，是更加安全的选择。毫无理由地将你的品牌置于对灾难或者危机的讨论之中，事实上并非一个好主意。人类的痛苦对于品牌宣传而言并不是那么合适的内容。你以为所有人都应该知道……但是你错了。

阿拉伯之春的抗议活动使得中东大部分地区频发暴动和流血事件。古老的政权遭到了颠覆，并被内乱一扫而空，其中大多数协调都是通过社交媒体进行的。2011年的前两个月，埃及大批示威者来到开罗的街道上，其共同目标是推翻国家长期的权威主义统治者胡斯尼·穆巴拉克总统的统治。暴力冲突造成大量人员死亡。穆巴拉克在2011年2月11日辞职之前的几个礼拜，在这次革命运动中共有846人死亡，6400多人受伤。这些都是危险的、不稳定的、骇人听闻的事件。

世界各地非常关注此次冲突的进展，都想知道后续会采取什么措施。时尚设计师凯尼斯·柯尔（Kenneth Cole）做出了惊人的愚蠢行为，认为此时是推出其最新作品的理想情形。2011年2月3日，

柯尔在推特上写道："数百万人正处在开罗的喧嚣之中。传言是他们听说我们最新的春季作品集已经上线了。"

针对想要利用此次事件的设计师的强烈抵制一触即发。在推特上，弥漫着对设计师的不满情绪，各大媒体对此事众说纷纭。社交媒体讽刺写手以迅雷不及掩耳之势设立了一个名为@凯尼斯·柯尔公关的推特账号，拿该设计师此次的错误宣传开涮。其中一条推文便是："新奥尔良的人们都涌进了凯尼斯·柯尔的专卖店。"还有更讽刺的："我们新风尚跌落的速度比世界贸易中心还要快。"这使得凯尼斯·柯尔的牌子陷入开罗地区大型抗议活动这个话题中，给予批评者们当然的权利去抨击这个时尚品牌并将该事件幕后的操纵者定性为缺少良知和贪婪的，对在创伤性事件中受到伤害的人们的痛苦视而不见。

忽视推特上愤怒的声音是不可能的。凯尼斯·柯尔在推特上表达了他的歉意，并且马上删除了之前惹出事端的推文。为了进一步缓和此次争议，他在其脸书界面上还刊登了一个全面的致歉声明：

"我向每一位因我关于埃及事件的敏感推文而受到伤害和冒犯的人道歉。一直以来，我都很关注社会热点问题。但是，事后想来，我拿反对压迫、解放民族开玩笑是十分不合时宜和绝对错误的。凯尼斯·柯尔，主席兼首席创意总监。"

任何一个看过本·斯蒂勒（Ben Stiller）主演的滑稽电影《超级名模》的人可能都会想，影片中对虚荣而无聊的时尚世界的描述是否比其最初所预想的世界还要真实？但不管怎样，在我们指责这位女设计师之前，必须指出的是，凯尼斯·柯尔并非是唯一一个借中东政治局势在网上进行炒作的。早在2009年，英国家具零售商哈比塔特

（Habitat）就曾利用推特鼓励人们加入其数据库，从而有机会赢取1000英镑的礼品卡。为了对其宣传活动造势，哈比塔特在其推文中加入了很多毫不相干的热词，包括#伊朗大选和#穆萨维——后者是反对伊朗总统迈哈迈德·内贾德的伊朗反对党领袖米尔·侯赛因·穆萨维。哈比塔特在其推特中还无耻地附上了其他若干热词，包括苹果手机和电视节目《澳大利亚厨神》参赛者的名字。哈比塔特的这种行为遭到了批判和谴责。很多推特用户为此感到迷惑不解甚至愤怒，因为他们在搜索热点主题时，发现搜索的结果是家居装潢的链接，跟他们想找的有趣的、令人心情舒畅的内容八竿子打不着。

其劫持话题标签的行为一经坐实，哈比塔特便进行道歉，并将此事归咎于某个好大喜功的实习生身上。

哈比塔特也并非唯一一个因为将社交媒体的工作交给团队中的年轻人而惹出大祸的品牌——由于市场营销团队的老成员不爱摆弄这些新奇的事务，而错误地低估了社交媒体的重要性和难度。但是不管如何，品牌自身有不可推卸的责任。哈比塔特这种公然在推特上蹭热度的行为，在今后好几年都将被作为错误使用社交媒体的例子。至少，该品牌从中吸取了教训。最近一段时间，哈比塔特的推特倾向于关注如产品新闻、内部设计要点和解决售后服务等更为实际的内容。

此外，2011年还有一个类似的例子。在凯尼斯·柯尔事件发生之后的短短几个礼拜，日本就经历了其自第二次世界大战以来最大的危机，即日本东北太平洋海岸遭遇了9.0级地震和灾难性海啸，造成了19 000人死亡，严重损害了基础设施，并引发了福岛核电站的核崩裂。技术巨头微软立马为救援队提供了200万美元现金和实物支持，但是立马做了一件傻事。在其搜索引擎必应的推特账户上，微软写道："用你的方式#支持日本——http：//binged.it/fEh7iT。每转发一次，@必应将为日本地震受害者捐助1美元，最高金额达到10万美元为止。”

有些人看到这条推特之后，认为这种为地震受难者捐助的行为是积极正面的事情，因此乐于转发。但是也有人认为这条推特就是一个营销手段，利用地震灾难来推广其搜索引擎必应——以缩减其与市场占有率最大的谷歌之间的距离。尽管并非以微软所希望的方式进行，这条推特却得到了极快极广的传播。批判者认为微软一直都是居心叵测的、投机的技术公司。因此，毫无疑问，批判者对于此事的态度就是#去你的必应。批判的言论可谓热情高涨。下面是一些严厉斥责必应的推文：

- “即将登场！微软马上就要推出海啸纪念马克杯和T恤了。销售额的20%将捐给慈善机构！”
- “嘿，还记得谷歌当年设置了一个寻人功能，帮助日本人找到其所爱之人，而且一点都没有宣传吹嘘自己的功劳吗？”
- “亲爱的微软，不是这样的。你应该先做好事，再从中得名。”
- “必应马上就会成为利用灾难的代名词了。”

尽管微软本意可能是好的，但是很明显，人们对于利用巨大灾难为自己做宣传的行为都感到无比憎恨。消费者可能会想，微软明明只想为受灾者捐款（这是完全的利他主义行为，不应该遭到任何指责），为什么还要消费者帮助其推广必应的品牌呢？在此条推文发出的7小时之后，微软在此推文下面做出了道歉：“对于此条推文被误解，我们深感抱歉。我们的本意是想为人们帮助日本提供一种简单的方式，我们已经捐助了10万美元。”

飓风桑迪尽管在强度上不及其他灾难，但还是在2012年10月给美国东部沿海地区造成了很大影响，单单给纽约州就造成了约328

亿美元的损失。服装零售商盖璞（Gap）却愚蠢地将此次自然灾害当作一次推销其网上购物平台的机会，在推特中写道："所有受到#桑迪影响的人们，注意安全。今天我们将在Gap.com网上购物平台上尽情地购物。你呢？"

只有把那些社交媒体白痴的防雨帽摘掉，接受暴风雨的洗礼，他们才会学乖！没有比盖璞的"欢乐购物"的宣传活动更为讽刺的例子了。

笑话完全不好笑——厨宝和杜蕾斯触犯众怒

2012年10月，在国家电视台直播的选举辩论上，面对共和党总统候选人，当时的总统巴拉克·奥巴马（Barack Obama）做好了充分准备迎接来自对手的蔑视和挖苦。沟通大师大卫·罗德（David Axelrod）和奥巴马那些处事圆滑、思维缜密的连任竞选团队成员们，对可能提到总统挚爱的外祖母马德·佩恩（Madelyn Lee Payne Dunham）的各种暗指进行了假设。外祖母对奥巴马的童年产生了很大影响，但不幸的是，她在奥巴马2008年获得大选胜利前的一周内离世了。奥巴马曾自豪地说过，于他而言，外祖母在之后的四年里一直与自己同在。但是，即使是功成名就的政治战略家也无法预见到，对总统外祖母的俏皮话居然并非来自于大选的对手，而是来自于知名厨房用品生产商的推特简讯。

这就是厨宝（Kitchen Aid）如何进入政治冲突的。该品牌在其推特中写道："即使是奥巴马的外祖母也知道这一切完了！她在奥巴马上台3天之前就离开了人世。"这并不是一个笑话。事实上，你根本想不到这样的推文出自一个以经典款立式搅拌机著称的知名品牌。

为什么厨宝要加入到惨烈的政治对话当中去?

不久就真相大白了。原来这个推文本来应该是在个人推特账号上发出的，但是却不小心发到了厨宝的公司官方推特简讯上去了。尽管可能是无心之失，但是朋友间这种无礼的消遣之词外泄之后，就被当作了该品牌与公众之间进行沟通的一部分内容。对厨宝头头是道的批评在社交媒体上一下子爆发了，其推文转发量也不断飙升。一时间，厨宝陷入十分难堪的境地。

为了自己的声誉，厨宝立马收拾了残局。引发此次事件的信息被立刻删除，并换成了致歉声明。为在社交媒体上所犯的错误做出的道歉有些是敷衍了事的或是漫不经心的，但是为了厨宝品牌，辛西娅（Cynthia）这位厨宝的高级主管对总统和其家人以及因为此条推文而受到冒犯的所有人亲自致歉。此外，她还在多家媒体上发表了失言中伤总统外祖母的全面道歉声明。内容如下：

“在大选辩论之夜，我们推特团队的一个成员不小心在厨宝官方账号上发表了本应该在其个人账号上发表的无礼推文。这个无趣的笑话绝对不代表厨宝的观点，而此人已经受到处分，将不会再为我们发出任何推文。尽管如此，我代表厨宝、代表整个团队，向奥巴马总统及其家人以及推特社区，为此次无心之失表达我深深的歉意。再次感谢大家能够听我把话说完。”

这一致歉声明在几小时内疯狂地被转发。事实证明，辛西娅为团队新手的失误主动承担责任的行为消除了推特社区上人们对厨宝的敌意。从《洛杉矶时报》到《哈芬顿邮报》等媒体的报道将厨宝置于尴尬的境地，但是因此对该品牌可能造成的损害却由于辛西娅表达的悔悟而大大降低。对于任何用同一台电脑或者智能手机管理公司和个人社交账号的人来说，这都是一个血淋淋的教训。专心一点，不要把两个账号弄错了！但是如果你很容易弄错的话，那么就在账号上好好说话，别说尖酸刻薄的话，那样会更加安全。

反复推敲——速博娱乐城的邀请函被曲解导致派对失败

正如生活中的其他方面一样，在社交媒体上，有些滑稽搞笑的事情本来一点都不搞笑。其中一个无心插柳柳成荫的例子就是一家唱片公司的公关部门宣传苏珊大妈《起立鼓掌》（Susan Boyle）专辑时发生的事情。为了给这张现场歌曲的汇编专辑造势，公关部门决定，让这个在英国达人秀上被西蒙·康威尔（Simon Cowell）发掘的苏格兰歌手举办一次独家的“专辑试听会”，其间还将解答歌迷的问题。关于此次派对的消息于2012年11月在推特上发布，话题标签打上#苏珊的专辑派对。

一旦给推特用户一点点借题发挥展现其幽默的机会，那么一条推文就够了。目光敏锐、喜欢恶作剧的推特写手发现，这个话题标签可以被拆分成其他意思，能够比唱片公司想要表达的意思还要扎人眼球。他们得意地将标签拆分为“苏珊的屁股派对”邀请函——谢谢你的邀请，但是请接受我的道歉，我事先有别的安排了——而这一话题标签迅速成为全球的热点话题。这个推文刚一出现，官方推特就马上删除了原来的推文，但是这一挽救措施无法阻止网民对于此事的消遣。但从多方面来看，这一恶作剧却产生了意想不到的效果。也就是说，演唱者和唱片公司的难堪与由此而带来的意外的高曝光率相比较，显得微不足道。可能在宣传专辑的时候，看上去傻里傻气是很有必要的，就像史蒂芬·桑德海姆（Stephen Sondheim）的经典版本《小丑上场》。

除了窃喜之外，这种以推特为目标的恶作剧应该作为一种警告。不要发布那些可能被误解或者故意曲解的主题标签！再比如，在玛格丽特·撒切尔（Margaret Thatcher）去世之后，#现在撒切尔去世了的话题标签被曲解成#既然撒切尔去世了。同样地，在社交媒体上引用一个流行词汇，而不考虑其实际含义，将会引发混乱的局面。这就是2012年6月英国线上时尚零售商名人精品（CelebBoutique）的真实写照。该品牌在推特中写道："#欧若拉很流行，当然还有我们设计师Kim K设计的#欧若拉连衣裙。"不，当然不是！尽管有关卡戴珊式时尚的新闻报道非常有影响力，但是推特写手更加关心昨晚电影院播放的蜘蛛侠系列电影《黑暗骑士崛起》中发生在科罗拉多州欧若拉的恐怖大屠杀。

此外，如果要在推文中提到其他用户，也需谨慎一点。2013年，英国首相大卫·卡梅伦（David Cameron）在推特上发布福利改革措施时，本想利用推特工具@政府同僚国家就业和养老金部部长邓肯·史密斯（Duncom Smith）。但是，一不小心，推特却直接@了其他人的账户。此次事件让首相在使用社交媒体时显得笨手笨脚，但并不能说卡梅伦没有意识到推特的潜在隐患。2009年，在成为推特用户之前，他因为直播的电台采访而上了热搜，内容是他为什么至今没有用社交媒体网站。他先是咯咯地笑，然后回答说："推特的问题在于它的即时性——太多的嘲笑和责备可能会造就一个笨蛋。"之后，卡梅伦为其直播所说的话道歉——而这一切仅仅是为了证明，对推特的失言不管是否发布在推特上，其所产生的效果都是一样的。

雀巢和苛严的审查制度

也许速博的行为是无心之失，但是2010年雀巢（Nestlé）在社交媒体上所犯下的错误却绝非如此。作为世界上最大的食品公司，雀巢在其全球投资组合中以多个价值几十亿美元的品牌攫取大量利润，从而也被推到风口浪尖。自20世纪70年代以来，雀巢的产品就一直遭到抵制，原因是雀巢在发展中国家对其婴儿奶粉进行大力宣传，宣称可以作为母乳的代替品。雀巢对此事做出了回应，坚持认为其行为是与世界卫生组织发布的母乳代替品营销国际代码的标志和精神一致的。不难想见，在这种情况下，这是一个非常在意自己声誉的公司。因此，让人觉得很奇怪的是，当环保慈善绿色和平组织（GreenPeace）将矛头指向它的时候，它却没有小题大做。

在这个例子中，婴儿奶粉并非关键，关键是印度尼西亚与雀巢联营的金光集团（Sinar Mas）（供应用于生产巧克力棒奇巧巧克力的原材料棕榈油）的使用行为。绿色和平组织谴责金光集团在印度尼西亚滥伐森林的不可持续发展行为以及由此给濒危动物造成的不利影响。2010年3月，绿色和平组织发布了一份题为《抓个现行——雀巢使用棕榈油的行为如何对雨林、气候和猩猩造成致命影响》的报告。该报告宣称，为了开放棕榈油种植园而砍伐森林是导致近些年猩猩数量大幅减少的主要原因。该报告进一步指出，雀巢在过去3年为了满足全球范围内对食品如奇巧巧克力的需求，对棕榈油的使用量几乎翻倍，因此雀巢是造成此次滥伐森林的罪魁祸首。“每5分钟生产出来的奇巧巧克力堆起来就能超过埃菲尔铁塔。”

绿色和平组织为了对此次说服雀巢改变其生产方式的运动造势，

还特地制作了一个能够在社交媒体上流通传播的视频。时长达60秒的视频《休息一会》对于雀巢奇巧巧克力而言是致命一击。视频展示了一个无所事事的办公室白领从其单调的、碎片化的工作中忙中偷闲，剥开奇巧的外包装，从巧克力棒上掰下一段啦咬。此时画面出现反转。这不是一个普通的巧克力威化棒；而是猩猩毛茸茸的手指。当白领开始咀嚼时，鲜血顺着他的下巴流淌，所有的同事都对此情景目瞪口呆。视频通过使用奇巧巧克力的红白品牌颜色呼吁人们，在一切还来得及之前，挽救大猩猩。最后视频展示了滥砍滥伐森林的画面和结束标语——“抵制雀巢从破坏雨林的企业购买棕榈油”。

非政府组织如绿色和平组织最擅长的就是这种富有感染力的运动，但是却难以找到那些除了忠诚的激进主义者和铁杆粉丝之外的观众。视频《休息一会》注定只能被很少一部分人所看到，尽管绿色和平组织将其放在了Youtube之上，但是点击量却少得可怜。直到雀巢以版权侵权为由，并采取强硬手段要求Youtube撤下该视频时，其点击量也没有超过1000人次。尽管有很好的机会，但是绿色和平组织没有好好把握，在视频被撤下之前没有将其视频发布在其他视频网站上，也没有提醒社交媒体上的追随者有关雀巢正在Youtube上打压该视频的情况。但是以这种方式来堵住环保组织的嘴是十分不明智的。对雀巢的指责还包括漠视环境，这坚定了绿色和平组织支持者的决心，并引起了更多关注。许多绿色和平的支持者把《休息一会》的视频转发到Youtube而掌控局面，而绿色和平组织在Vimeo视频网站上发出的视频在一天之内就获得了80 000人次的点击量。

可以说，此次绿色和平组织所发起的抗议活动经过精心策划取得了很好的效果，呼吁人们通过邮件、电话和在社交网络上进行评论的方式攻击雀巢，将该公司置于持续的强压之下。最终，雀巢遭到了超过200 000封批评邮件的轰炸，而视频《休息一会》的观看次数也达到了150万人次。这一数据是雀巢挑起此次事件之前视频点击量的1500倍。在雀巢为其品牌粉丝开放的脸书上也出现了大量的负面评价。约有90 000名在舆论爆发之前关注雀巢脸书的粉丝，一时间被置于针对该公司行为负面评价的口水之中。其中有些篡改了雀巢的标识，比如将Kit Kat改写成Killer（意为杀手），而绿色和平组织则故意将这些内容放在网上，还鼓励其支持者们使用这些被篡改过的词汇。这次，雀巢再也没办法睁一只眼闭一只眼了，公司删除了所有这些图片，并且做出了强硬的回应：雀巢不会容忍这样的批评，将采取措施消灭所有与自己相左的言论。

雀巢在其脸书上写道："我们欢迎你们的评论，但还是请不要在网上发布你们对我们标识的修改版——他们将被删除。"

而这个回应却一石激起千层浪。在很多社交媒体用户看来，只有那些尊重网络评论权的品牌和公司才有资格参与线上对话——即使这些评论是关于品牌的坏话，甚至是在其粉丝界面上发布的。"不要删除"已经成了一条不成文的社交媒体原则，是让品牌能够在网络空间生存的许可证，除非发布的内容极端恶意，否则不得删除。然而，雀巢在瑞士的团队却开始删除那些他们不中意的图片、链接和评论，在脸书上粗鲁地对待那些与其互动的网民，这进一步激化了事态发展。雀巢表现出了无知、傲慢以及缺乏人际交往的技巧，还忽视了言论自由和表达自由，这在下面的回复中可以看得出：

雀巢："这里，我要设定几条规则。跟其他很多论坛一样，把事情理清楚。"

保罗·格里芬："你的地盘你说了算，但是你已经失去我这个顾客了。赢了这次战役，却输了整个市场！你开心了？”

雀巢：“哦，算了吧……我们又不是每条评论都审查，我们眼里又不是只容得下好话。”

在之后的对话中，雀巢的语气变得粗俗和傲慢。

海伦·康斯特布尔：“我很想知道一件事，这个帮雀巢回复评论的人到底是不是雀巢的人啊？我很怀疑啊。就算是白痴公司也会请这样一个傻瓜做他们的发言人吧。”

雀巢：“我觉得你的话里少了一个‘不’字吧，海伦。”

海伦·康斯特布尔：“是啊，嗯，我在喝非雀巢咖啡的第一个早晨漏掉了。我觉得你的评论回复中忘记礼貌了吧。”

这样的语气彻底点燃了批判者们的怒火，他们继续在脸书、推特和其他社交网络上中伤雀巢。这个时候，雀巢真的是大难临头了。雀巢的回复夹杂着混乱的逻辑和煽动性的言语，对网民提出不能做的事项引发了社交媒体上的激烈讨论。而此时，认错就十分必要了。一开始，雀巢想要在脸书上修复与网民之间的关系。

雀巢：“这个（删除标识的行为）是我们犯下的一系列错误中的一个，我们为此道歉，也为粗鲁的举动而致歉。我们已经不再删除评论了，也不会再那么粗鲁了。”

除了通过社交媒体对雀巢进行谴责之外，绿色和平组织此次运动还取得了一项重大的、看得见的成果。绿色和平组织动员处副处长吉米·沃利告诉我们：雀巢在删除我们标识的过程中反而调动起了一个重视网络自由的大型社区加入到我们的阵营中，而这个社区本来是我们无法接触到的。

“这一社区所做出的反应造成了网上大面积的反响，在我们发布视频的第二天就出现了很多关于雀巢公司的负面的报道。这是我们之前从未见过的景象。这些负面报道给雀巢公司施压，迫使其改正行为。我们邀请人们在这个公共平台上与雀巢公司交流，但是我们不知道下一步会发生什么事情。它有自己的生命力。正如雀巢公司所做的，告诉大众‘我们欢迎你们的评论，但是请不要在网上发布你们对我们标识的修改版——它们将被删除’，这只会让更多的人发布对雀巢标识的恶搞图片。”

在面对所有批判声音的时候，雀巢就已经停止从金光集团购买棕榈油了，并且与绿色和平组织会面讨论其棕榈油供应链的问题。2010年5月，雀巢还参加了可再生棕榈油生产的圆桌会议，这是一个多组织共同致力于消除不可再生棕榈油生产的团体。2011年9月16日，印度尼西亚媒体揭露道，雀巢公司又从金光集团购买棕榈油，原因在于金光集团已经满足了生产可再生棕榈油的标准。从金光集团的角度来说，其已经和环保组织、森林信任组织合作，共同推出一个森林保护政策，减缓去森林化的步伐。而另一方面，绿色和平组织还在继续监督印度尼西亚的局势，确保这些对环境保护的承诺不会被打破。所有的一切都表明社交媒体的强大力量；这种力量可以带来改变，在该例子中连雀巢也无力抵抗。当品牌想要通过集权式的方式压制批判的声音时，只会让情形更加糟糕。

被2010年的事件挫伤之后，雀巢的高层意识到如果公司要避免在社交媒体上重蹈覆辙的惨败局面，就必须做出改变。美国数字营销专家皮特·布莱克肖（Pete Blackshaw）被猎头相中，出任雀巢公司全球数字和社交媒体主任的职位，并于2011年3月在瑞士沃伟雀巢的总部开始工作。如今，布莱克肖作为雀巢公司的全球数字和社交媒体主任，将2010年发生的事件称作“有教育意义的时刻”。他直接向公司市场营销和企业传播的全球主管报告工作，这种双线报告制度表明雀巢现在已经意识到了社交媒体对其产品品牌的形象、销量和企业声誉可能造成的影响。雀巢为了更好地解决这个问题，已经在组织结构上做出了相应的改变；这被布莱克肖戏称为“软化的仓筒”。

布莱克肖加入雀巢团队后所做的第一件事就是撤掉之前放在社交媒体上的“准则”，即要求雇员可以做什么和不可以做什么的说明，还建议在社交媒体上需要站在其他人的角度思考和回复。对于社交媒体上恶搞其企业标识的行为，决定采取较为缓和的方式解决。之后，他开始集中解决一个更大的问题，即企业如何才能具备满足顾客全天候需要的反应能力，那么以后再遇到类似的情况，就不会措手不及了。其中最棘手的问题是，由谁来担任社区经理职位？如何提供资金？如何确保社区经理能够全天候在线？以前，这一职位是由营销机构或者对社交媒体富有激情的企业内部品牌经理来担任的。但在布莱克肖看来，这仅仅只是一种“暂时的策略”，他认为其企业组织需要更加深入的改变。他一直认为数字媒体不仅是“一种经营的原则”，而且也是一种沟通的渠道，他说：

“我们必须严肃对待核心服务的运营和世界上出现的新需求。因为你的脸书就是在告诉每一位消费者，你随时在线，随时可以收到信息。但是你的电话服务中心下午6点就关门了，而且周末不上班。这些很多都是非常复杂的组织结构上的问题。那么，你是不是要重新考虑一下你的运营时间？关于分配给消费者的时间问题，我们可能需要换个角度思考。电话服务中心——不仅仅是雀巢公司——一直都是一个非策略性的成本中心。因此，通过有限的电话线路可以为少量的消费者提供很好的服务，但是分配给每个消费者的时间就很少。在社交媒体的世界，通过将我们和消费者之间的对话公开，并且持续更新，就会产生很大的媒体效益。”

像雀巢这样的全球性企业，所面临的挑战在于找到能够大规模发挥作用的问题解决之道。仅从脸书来看，雀巢的脸书大概拥有横跨630个脸书页面、遍布全球各地的1亿3000万名粉丝，这还没有包括其在推特及商务化人际关系网等其他大型社交媒体上的活跃度。雀巢每天都在其所有的社交媒体网站上发布大概1500份内容，而对于每一次发布的内容都会思考下列问题：消费者会喜欢吗？他们会参与讨论吗？他们会转发吗？或者他们会“用脚投票”然后选择忽视吗？为了能更好地了解大众如何看待其市场营销活动及其企业的核心问题，如产品性能和售后服务，雀巢做了大量的数据挖掘工作。时至今日，雀巢已经不再是几年前的那家企业了。尽管雀巢可能不愿意承认，但是与绿色和平组织的冲突可能对其企业发展而言是具有很大助益的。

鸡肉味洗洁精——汉高为其低调的“买家必读”感到后悔

2011年春天，拥有宝莹、百特和施华蔻等品牌的德国企业汉高，决定利用众包的方式重振其普利牌洗涤剂。公司发起了一个名为“我的普利，我的风格”的设计比赛，简单地说，其目的是鼓励消费者为其普利的瓶子标签设计图案，将设计图案发布在脸书上，由网民进行投票。获胜的设计将成为普利瓶子的纪念版进行大批量生产，并在正常的零售渠道进行销售。表面上看，这一营销活动可能会与消费者有很好的互动，产生很好的效果——一方面可以吸收大众的想法对自己的品牌进行更新；另一方面，比赛中的获胜者也可以看到自己的智力成果能够在超市货架和市场营销活动中得以展示。

但是汉高没有想到的是皮特·布鲁尔和他的恶俗幽默。皮特避开了图片的事先审查，利用电子画图工具画出了一个粗线条的烤鸡图案，并且对洗涤剂的味道加了一句标语："如鸡肉一样口感极好"。当他将其创作上传到网络上时，便毁了此次设计比赛，其行为还得到了网友的追捧。成千上万名有鉴赏力的德国消费者开始为其投票，无视皮特的恶搞行为，而其他人也纷纷上传他们荒诞的作品以取笑普利。

"不幸的是，那些令人反感的、低级趣味的，甚至法律所禁止的设计作品的数量不断飙升。因此，汉高宣布，只有通过普利编辑团队审核并通过的作品才能参与此次比赛。"

贝蒂娜·柯玲肯（Bettina Klinken），
汉高洗涤和家居护理部门品牌公关团队

一开始，汉高在准入条件中设置了保护自己的措施，即明确表示：无论何时，无须警告，一旦涉及侵害第三方权利，包括非法的或者低俗下流的内容，比如针对宗教或者种族的，汉高保留删除的权利。问题在于这些条款并没有突出显示，而且很多参赛者也没有注意到。当汉高开始介入时，脸书上出现了很多对其行为批判的声音。消费者认为所谓的民主投票活动都是虚伪的假象；汉高对人们的声音不管不顾。

汉高还在准入条款中加入了一条警告，即不允许未经许可操纵投票过程，通过不平等竞争获得竞争优势的参赛者将被驱逐出比赛。汉高发现对某些作品的投票，用柯玲肯的话说就是：“事实上是通过了极其不公平的操纵获得优势。”因此，汉高减去了那些“未经许可的投票”，为诚实的参赛者提供一个公平的比赛。但是，对于很多旁观者而言，汉高的这一举动却有操纵比赛结果的嫌疑。对于汉高行为的不满在网上愈演愈烈，而这一不满的声音立马就获得了主流媒体的关注，并将这一事件称为汉高的失败公关。

在争议中，那个票数一直领先的“美味鸡”设计退出了比赛，原因在于其原创者皮特再也忍受不了网上的非议。汉高在脸书上提前宣布，将对那些不满足准入条件的作品酌情进行票数削减，而这一行为将对参赛设计的排名产生很大影响，尤其是前30名的设计。修改投票数的行为造成的最大影响，便是将“Priiiiil”的设计（图为在一张愤怒的男人的脸上，有着充血的眼睛和大张着尖叫的嘴巴）从第一名拉到了第三名。很明显，这一设计就是那个以烦躁著称的“愤怒的男人”。

参赛的很多人认为这一比赛的赢家已经被道义所绑架了，而汉高却不这么认为。无论如何，其比赛的规则明确规定，评委将从得票数最高的前10名中选出2件作品。就此而言，那个“愤怒的男人”仍然是前10名的作品，并将获得奖励。但它永远也不会被选为2个获胜作品而出现在市场上。从汉高的角度来说，在比赛中设置评委就是为了保证最终的2个获胜者——最终足够优秀而不是一堆垃圾——对于品牌而言是非常适合的。因此，可以看出，企业的角度和个人的角度之间存在很大差异。汉高认为这场比赛十分公平，但是很多网友却认为汉高在比赛中作弊，在脸书上留下斥责汉高的评论，指责汉高的投票过程就是欺诈。柯玲肯说：

“即使每个参赛者在事前都同意了准入条件，显然，这些条件也很少有人会注意到，更加不可能被理解。否则，所有的参赛者在一开始就会明白评审将从得票前10名的参赛设计中选出获胜的2个作品。而且，评审委员会的内容出现在一个单独的、很容易被看见的二级页面上。因此，从这件事例学到的最重要的教训就是在今后的比赛中，我们将把准入条件置于更加突出的位置，并且在不同的页面上重复出现。”

汉高还总结道：为创意设计提供线上平台给人们滥用低级趣味或者恶意中伤的内容留下了空间。若今后要举办类似比赛的话，每个参赛作品必须先通过核查，才能被上传可见。此外，将苹果的平板电脑作为奖品——正如汉高为普利（Pril）设计获胜者所提供的——会使比赛更加受欢迎，那么也就很有可能引起“那些专业操纵比赛结果第三方”的注意，并介入比赛。汉高市场部的同事现在认为，让所有参赛者都有机会获得奖品的抽奖活动可能是一个更好的选择。

普利的比赛确实造成一定的风波。超过5万个原创作品被上传到网上，吸引了160万张投票——这比汉高预想的要多得多。2011年秋天，那2个获胜的设计作为普利的纪念版出现在市场上。为了安抚人心，汉高还专门定制了888个“愤怒的男人”款（因为在网上很流行）特别版。其中，777个“愤怒的男人”款瓶子在易趣网上只用了56分钟就被一扫而空。剩余的111个在普利脸书页面上用于抽奖，也非常抢手。很明显，汉高可以从此次事件中获得很多好处——即使“愤怒的男人”瓶子的一些死忠粉认为，汉高此行为不会讨人喜欢。在网上的批评声音中，也有一些支持“道德赢家”的滑稽的直接行动。在一个精彩有趣又有失偏颇的游击式营销中——说了算的是消费者而不是品牌经理——一些德国人把“愤怒的男人”的标签打印出来，然后径直走向超市，把那些标签贴到货架上面的普利瓶子上，并把这种对瓶子的改造拍照上传到网上，而这一行为在多家超市都出现了。

柯玲肯辩称道 :“我们感到很惊讶，媒体对普利脸书上的讨论进行报道时居然是持否定的态度，而事实上脸书用户的总体回复是比较积极的。”“实际上，脸书上出现的那些批评声音主要受到了很小一部分用户的操纵。”尽管是很小的一部分，但造成了严重的影响。一旦涉及大众，就算是再积极的内容，都存在被网络上那些恶意之徒进行丑化的可能。

在脸书上营销失败的其他案例

- 沃尔玛/能量薄片在美国的宣传活动，要求消费者在脸书上为当地的沃尔玛点赞。而饶舌歌手Pitball 将访问赢得点赞数最多的沃尔玛商店。然而，这一宣传活动却遭到了故意恶搞，人们组织了一场成功的活动将这位歌星“放逐”到一个偏远的商店。但Pitball却欣然接受了这一后果，按时出现在了那个获胜的沃尔玛商店——在阿拉斯加的科迪亚克岛!
- 在22岁的潜水采珠人贾罗德 · 汉普顿死亡之后，澳大利亚的珠宝品牌商帕斯帕雷（Paspaley）的安保措施受到澳大利亚广播公司时事节目“四角”的仔细检查。该节目的播出引发了社交媒体的骚动，数小时之后，有关这一悲剧的评论便从帕斯帕雷脸书上被删除了。

● 马来西亚新开张的零售目的地佰乐泰购物广场，由于其脸书管理员在回应网民对故障电梯的抱怨时发布了讽刺的言论，从而在2012年的夏天被重新安排从事其他工作。举个例子："佰乐泰购物广场不懂魔术，不可能打个响指就能马上变出个东西来。你能吗？如果你能的话，那我们很想招聘你来我们这儿！"正如电梯一样，这些评论也不受欢迎。

● 雀巢澳大利亚很骄傲地在奇巧巧克力脸书上发布其成立Instagram的照片：一个人穿着熊的衣服，把巧克力棒作为打鼓棒玩着架子鼓。当网民开始评论说这个熊很像那个恋童熊——一只饱受争议并被作为网上儿童色情片警告标志的卡通熊时，这一照片马上就被撤下来了。一脸茫然的澳大利亚雀巢公司主管承认，从来没有听说过恋童熊这种说法。

● 疯狂墨西哥，一个在墨西哥拥有30几家餐馆的澳大利亚连锁品牌，在脸书上发布了贾斯丁·比伯（Justin Bieber）的单曲《一生一次》的PS版本，并将其标注为"墨西哥版本"之后受到了很多负面的评价。其中，这个加拿大流行音乐歌手的脸被换成一个墨西哥歌手的脸。让人感到莫名其妙的是，这个被换的脸是著名菲律宾拳击手曼尼·帕奎奥的，从而引发了有关种族的极其敏感的话题。这是一个失败的创意。

其他棘手的推文

● 瑞典旅游机构因展示其市民不拘一格的特色来推广旅游而遭遇了麻烦。为了彰显其国家热情好客的态度，@瑞典推特的管控权每周都会转交给社会上不同的人，并告知这些人可以自行运作。2012

年6月之前，推特都运行得很好，但在转交给索尼娅的时候，她发布了一系列令人不安的奇怪推文，有些甚至被谴责为是反闪米特人的。

● 新加坡全国日报《海峡时报》的一名员工，将本应该在个人推特上发布的粗俗信息“我的天，去你们的，我是认真的”错误地发布在新闻报纸的官方推特上，并被大范围地转发——这不是一个主流报纸会发布的内容，这名员工也因此于2011年被辞退。而美国票务市场机构StubHub的一名雇员在2012年也犯过类似的错误，将f开头的词汇和一些工作地点的图片废料混用在一起：“等不及了，我要马上从这个地狱之洞里面出去。”难道把个人和公司的推特账户分开有那么难吗?

● 沃达丰（Vodafone）为了迎接2010年的圣诞活动而举行的“微笑的12天”活动也引发了很多关注：#让我微笑的主题标签成为全球推特上最热的话题。但不幸的是，对于沃达丰这家手机运营商而言，之所以会有这一主题标签是由于沃达丰受到抗议者控诉其避税行为的蜂拥围堵。为了缓解这种不满，沃达丰只能选择在其公司的网站上现场直播这些推广活动。

● 澳大利亚图书出版社兰登书屋，被控在2012年11月发布道德败坏的营销广告，剽窃主题标签#以免我们忘记。并且，该出版社为其宣传战争书籍的推文所选择的时间，恰好与为了向战争死者表达敬意的休战日默哀时间早上11点完全一致。

●“我发现底特律以#汽车城著称，但是那里却他妈没有人知道怎么开车，这一点是很讽刺的”，这句话发布于2011年克莱斯勒（Chrysler）汽车的官方推特上。这一推文不仅用了脏话，而且诋毁了底特律这座城市。但巧合的是，克莱斯勒公司当时正好为其新款汽车200型斥巨资打造了广告，并邀请到歌星阿姆（Eminem）代言，而且打出了200型汽车“由底特律制造”的标语。克莱斯勒明显对其社交媒体商“新媒体策略公司”非常不满，即便该公司即刻就解雇了负有责任的员工。这家气愤的汽车生产商宣布，他们将不会与新媒体策略公司续约合作。

- 当英国天然气公司在2013年8月宣布燃料费上调10%的时候，可以预见，处于困境的消费者们必然会很愤怒。但是，能源供应商却火上浇油。其售后服务主管伯特同一天在推特上发布了一个关于价格上调的问与答的推文。16 000多位推特用户通过#质问英国天然气公司的话题标签来发泄他们的怒火，而伯特却将燃料价格上涨的原因归于整体的能源成本的增加。尽管英国天然气公司与其消费者进行互动是正确的，但是在新闻刚出来的时候发布一个问与答的推文则无疑是火上浇油。“你会为了今冬的燃料而牺牲社交媒体团队吗？”其中一个消费者冷冷地说，他的话得到了很多人的响应。
- 家乐氏（Kellogg）英国在2013年激怒了消费者，该公司在推特上写道：“1个反转录酶等于一个体弱多病的孩子的一顿早饭。”植物学家、英国广播公司电视制作人詹姆斯·王以及很多其他人对这一措辞感到愤怒，他们写道：“难道没人发现这有一点奇怪吗？”这相当于在说，“帮助我们宣传，否则孩子们要挨饿了。”而其他人对于该谷物食品公司的宣传则表达了更为直接的批评。之后，该公司为其在帮助贫困地区学校的早餐俱乐部筹集资金时“错误使用词汇”的行为而道歉。

窍门和教训

- 智能手机可能是造成愚蠢错误的原因。能够管理公司社交媒体账号的，绝不是那些会将自己的私人账号和公司账号搞混的人。

● 不要删除！接受批评，如果有必要纠正或者澄清，在合适的时候进行回复。除非是极其伤人的话或者诬陷他人的话，否则不要撤除。

● 没有必要去回应每一个批评。不是所有在社交媒体上说话的人都是有信誉的或者合理的正常人。网络上挑衅的帖子最好选择无视。

● 弄清楚哪些人能够或者不能够为你的品牌制造社交媒体内容，哪些人需要审批，以及什么样的内容可以被共享。

● 开放式的帖子，例如那些询问网民如何看待品牌的或者填充句子的帖子都有可能招致麻烦。

● 粗鲁是绝对不被接受的。

● 如果你想要利用新闻或者流行话题，请一定要谨慎。

● 确保你是清醒的。你所说的内容不可以模棱两可，不要使用那些可能被误解的主题标签。

● 社交媒体众包很有市场潜力，但并不是一种强劲的市场研究。

● 谷歌潮流和讯息视窗等工具可以在网民如何讨论品牌方面为你提供有用的洞见。

● 建立社交媒体危机管理机制，来确定什么情况会形成社交危机，并在危机发生时着手处理事态的发展。谁来回应危机并以何种方式进行回应?

第四章

当新产品开发成为灾难时
失败的产品投放，从过度炒作到反应平平

无论是魔方还是苹果的平板电脑，特定产品都有其难以捉摸而又令人叫好的因素。这些产品因为具有令人满意的质量而获得成功，也有着令消费者着迷的特性。(“要小心哦，不然这个万恶的魔方会让你上瘾！”;“不要再在这个光滑的、万能的平板上浪费时间了！”)伟大的产品不只是要满足市场的需求——它们是有雄心壮志的；当投放产品的市场营销手段适当时，人们就会认同它们。然而有些产品差不多是一夜轰动，另一些则是慢热型，其吸引力也是逐步建立起来的。以丰田卡罗拉（Toyota Corolla）为例，当1966年第一种车型出现的时候，谁能想象这款相对低调的车型居然是一直以来都最受欢迎的，并在全球拥有4000万用户？当然，现在的卡罗拉生产线跟最初的样子不是很像，但这是一个持续改进的事例。

伟大的品牌不可能一劳永逸地保持其地位。为了维持消费者的兴趣，创新是很有必要的，创新可以不断挖掘新的商业机会，还可以利用技术进步。微软如果不是从DOS软件发展到windows系统，它

可能早就消失了。

如果欧宝汽车（Opel）仅限于生产缝纫机，它就不会作为制造商存活150年。当然，给市场带来新东西的确要经历风险。不合适的时机、不充分的市场调查、产品质量不好都会导致失败，并且带来严重的影响。即使某些公司很赶潮流，经常和消费者需求保持一致，很少行差踏错，也不会对新产品发布的灾难天然具有免疫力。一些拥有受欢迎且具有市场领导力产品的知名公司，却会发布许多非常糟糕的产品，这并非偶然。探索如何保持成功的秘诀绝不简单，对上述成功的公司来说也是如此。

大失误和未知荒野——苹果地图

作为iOS6移动操作系统一部分的苹果地图，错误地将一些游客引导并滞留在澳洲的灼热地带，他们能够活下来真是幸运。这款功能出错的新软件把本打算自驾到米尔杜拉的游客带到了距离小镇70公里远的偏僻的墨瑞日落国家公园腹地，那里是半干旱区域，缺少水源。燃油耗尽后，这些游客在高温下缺水少食地徒步穿越，澳大利亚维多利亚州的警察在将这些游客救出后，对此次威胁生命的事件表现出了极度的关注。

2012年末，苹果地图发布之后显现的许多缺点——包括把公园错定位成机场、城市定位到海上、大桥无端消失——迫使苹果的CEO提姆·库克因没有提供世界水准的产品而向消费者道歉，并保证公司正竭尽所能地实施改进。

苹果通常不出差错，而这次的插曲使得苹果有点迷茫。这次发布使得两大科技巨头看起来不那么友好，确实，这次的尝试让其对谷歌的依赖降低了。但是苹果公司的失败之处在于，他愚蠢地将其新产品描述成有史以来最美好、最厉害的地图服务。这绝对是作为一个行业新进入者对谷歌地图的有力宣战，但是他却忽略了自身产品的缺陷（这一点也可以由消费者帮忙反馈）。网上很快散播出苹果地图错误的截图，同时，主流媒体也热衷报道这次苹果的失误，并很快将这次事件取名为“地图门”。

没有人会傻到认为“地图门”会给像苹果这样强大而被广泛喜爱的品牌造成不可挽回的损失。但是，有证据表明，它提高了消费者的警惕性，并挫伤了消费者对科技公司的信心。福布斯刊登了一篇文章，其标题为《是的，分析表明，地图门的确打击了苹果公司的销售》，这篇文章需要进一步解释，也就是说这种分析是由网上声誉专家“媒体测评公司”进行的。任何时候消极情绪对品牌都是不好的，但这件事就发生在有魅力、有远见的创始人史蒂夫·乔布斯去世后一年——他在20世纪90年代回到苹果，见证了企业历史上最伟大的转折点之一——故而这件事带来了对新的领导团队和企业未来展望的猜测。如果史蒂夫·乔布斯还在，这件事永远不会发生。对于一个过去商品经常好评如潮的企业来说，新产品开发十分困难，而且结果未知。

出错的汽车——福特埃兹尔的遗憾传奇

可怜的埃兹尔·福特（Edsel Ford）：他本应做得更好。埃兹尔是汽车行业先驱亨利·福特的独子，埃兹尔从很小的时候就开始接管家族帝国。1919年他只有二十几岁的时候，就被任命为福特汽车公司的董事长，年轻的埃兹尔显示了对汽车样式设计的天赋和扩张公司将品牌发扬光大的才能。但是，撇开他在公司极为重要的职位不谈，他的权力经常被其善变专横的父亲悄悄地削弱，在制定重要的公司决策时，他经常被边缘化。1943年，在他49岁的时候，埃兹尔因患胃癌而死于并发症。

他年迈且性情日益古怪的父亲短暂地回到董事长的职位，但很快就让埃兹尔的长子亨利·福特二世继承（有时被称为“汉克”或“HF2”），此人在福特担任了30多年关键的领导角色。20世纪50年代中期，HF2接手公司10年后，董事会以他父亲的名字Edsel命名了一个重要的新车型。命名新车致敬埃兹尔产生了事与愿违的结果。了解营销史的学生都知道，福特埃兹尔并没有赢得美国公众的青睐。事实上，它通常被认为是有史以来营销史上最严重的灾难之一。

考虑到美国消费者在购买汽车方面，从入门级车型到价格更高的车型都可以从福特的竞争对手克莱斯勒尤其是通用汽车那里得到更广泛的选择，1948年，HF2指示他的产品规划团队开始探索中档价格汽车。朝鲜战争的到来把这些计划暂时搁置了，但到了20世纪50年代中期，受到运动跑车福特雷鸟成功发布和福特准备上市的激发，特别项目部努力研发当时被称作实验车或E车的车型。“埃兹尔成为了无人关注的车型”，保罗·纽文修斯（Paul Nieuwenhuis）博士（卡迪夫商学院汽车研究中心主任）说，“福特认为，通用汽车当时旗下有六个品牌：雪佛兰、庞蒂亚克、别克、奥兹莫比尔、凯迪拉克、GMC——福特应该能够同样如此。福特有三个品牌：福特、水星和林肯。埃兹尔是福特为创建第四个令人印象深刻的品牌时所作出的失败尝试。”

令人吃惊的是，考虑到和家族名字太相近，福特竭尽全力为E车找到一个令人难忘的绰号，甚至还非正式地请教了普利策奖的获得者——诗人玛丽安·穆尔（Marianne Moore）。这位女诗人提供了一些名字，如公民猫鼬（Mongoose Civique）、弹性子弹（Resilient Bullet）、校队之击（Varsity Stroke）、生动行板（Andante con Moto）、梦幻龟甲（Utopian Turtletop）、慧鲸（Intelligent Whale）和粉彩绿豆（Pastelogram）。很难想象为什么这些超现实主义的名称一个都没被选中。福特的广告代理商博达大桥公司（Foote，Cone & Belding）给出无数个名字的建议，汽车制造商及其机构也征集了员工的建议，结果备选名字增加到远远超过10 000个，后来虽经削减还是有惊人的6 000个。最可能成为名字的选项还征求了消费者的意见，但是没有一个脱颖而出。最终，博达大桥公司将这一名单浓缩为10个，这些名字被提交给了福特公司的高层，他们发现这些名字都不合适。沮丧之中，家族中一些精明的马屁精发话了。福特主席Ernest Breech（欧内斯特·布里奇）脱口而出："为什么我们不就叫它埃兹尔？"福特没有一个高层反对，尤其是埃塞尔的儿子HF2，尽管这个名字在消费者研究中表现不好，就像一些平淡的名字如"pretzel"（椒盐饼干）、"weasel"（鼬鼠），与其日耳曼词根衍生词"贵族"和"财富"形成鲜明的对比。福特公关总监C. Gayle Warnock在晚年写了两本关于埃兹尔事件的书——取名很时尚，一本叫《埃兹尔轶事》，另一本叫《埃兹尔轶事之其他内容》（听起来像第一本的毫无想象力的续集）。就是这位作者在当时听到名字选为埃兹尔时也大吃一惊，他在给一位同事的备忘录中声称，这个名字将使公司失去200 000份销售额。大错已经铸成。

接下来是设计。当首席设计师罗伊·布朗向他的老板展示第一款土制模型车时，受到大加赞赏。然而，当汽车进入市场后，其造型却招致了大量的批评。埃兹尔最独特的设计特点在于看其正面时是一个垂直格栅，中间有大的椭圆形的镀铬钢制成的环。这被嘲笑为“马项圈”或者更糟——一些人开玩笑说，汽车看起来像是在吸柠檬，而有些人则说格栅让他们联想到女性身体的某些部位。布朗随后进入福特英国的运营部工作，并由于设计了科蒂纳（Cortina）车型而取得了成功。然而，不可避免地是，当2013年2月他在96岁高龄去世时，埃兹尔的失败在其讣告上占了很大的篇幅。例如，《华尔街日报》对他的去世发布的头条新闻名为“埃兹尔的设计师从容离世了”。

福特太想从通用手中抢回市场份额而将宝押在名称和设计都不受人待见的一辆车上。马特·安德森称：“埃兹尔的失败归咎于几个因素。”此人是亨利·福特博物馆的馆长，也管理着一家位于福特家乡——密歇根州迪尔伯恩的教育机构。

“有些人归因于他的设计。虽然我认同‘马项圈’格栅是不寻常的，但我当然并不认为仅仅因为这个就导致了它的失败。20世纪50年代，美国汽车风格盛行的就是不拘一格。埃兹尔当然有个性，但我不知道是不是太超前了。跟着时代的脚步比创新更重要。你可以设置一个速度警示灯，以便当你超过既定速度时它就会亮灯提醒，但其作用甚微。电动触摸指令，就其本身而言并不是特别激进——克莱斯勒和帕卡德均提供了同样的产品。不过我承认，埃兹尔把一些按钮放在方向盘上确实有重大意义。现在方向盘上有控制收音机、巡航和变速箱的按钮。”

所以，除了有问题的设计和糟糕的名字，车子本身并不是一无是处。但事实上，正如安德森所说，这款车相当普通。然而，福特还是在过度营销，他们不切实际地为一辆平庸的汽车做大肆宣传。福特预计每年将售出20多万部埃兹尔，并能一举获得美国汽车市场5%的份额。发布前的营销手册中，福特吹嘘："你从来没见过一辆车像埃兹尔。"1957年7月，福特在《生活》等杂志上刊登了广告宣传。埃兹尔一边受到鼓吹一边仍保持神秘：在广告中，汽车要么模糊不清要么秘而不宣，以此来引发人们的猜测。人们在进入被浮夸地称为"埃兹尔之日"的发布倒计时后，已经对车子的长相很感兴趣了。HF2亲自向经销商传送消息，承诺埃兹尔一定会如期而至。在进行了更多的炒作之后，汽车终于在当年9月来到展厅。数百万的美国人蜂拥而至，从发布当天开始有近三百万人来，许多人不得不排长队才能有机会一睹这部被宣称为炫酷的汽车；然而，大多数人却明显感到失望。"我认为福特埃兹尔'过分吹嘘'了，"安德森说，"它承诺给客户一款前所未有的先进车型，可实际上它不过是一系列基于传统福特和水星车型的汽车。"市场是巨大的。考虑到埃兹尔的秀展，福特长达数小时的促销特别节目由哥伦比亚广播电视台在黄金时段播放，平克劳斯贝（Bing Crosby）及法兰克 · 辛纳屈主演的福特埃兹尔销售特辑，是以当时非常流行的电视节目艾德 · 苏利文秀（The Ed Sullivan Show）为模板拍摄的。任何炒作到如此地步的炫耀活动都要切实超过预期，才会获取成功。

然而，埃兹尔离它的预期相去甚远，在第一年才销售了不到65 000辆，不及其雄伟目标的1/3。第二年的销售额更惨淡。福特继续进行广告闪电战，试图说服消费者。福特用一些广告词进行"轰炸"，如"以埃兹尔为座驾，你的莅临将无人不知"和"有发动机以来最美妙的事情"。但这在一些新车主上报机械故障并抱怨装配线故障方面并无助益。当时流行的一个笑话是，埃兹尔意思就是"每天有新的东西泄漏"（这句话每个单词的第一个字母恰好组成了埃兹尔）。

有了埃兹尔，似乎一切可能会出错的都出了错。

为了建立埃兹尔品牌的认知度，福特赞助NBC（国家广播公司）的西方系列马车队，迫切希望找到一种方式可以提升大众对埃兹尔的兴趣，使其避免成为昂贵的失败之作。销售团队中有人建议，通过提供一匹免费的小马来充分利用电视赞助。是的，一匹无拘无束、自由呼吸的小马！难以置信的是，福特居然采纳了这个想法，买了1000匹小马并送给全国各地埃兹尔的经销商。在电台促销广告中，伴随着飞奔马蹄声的音响效果，马车队演员沃德·邦德（Ward Bond）直接向孩子们呼吁——“你们好，孩子们”——催促他们说服父母带自己去埃兹尔的经销商那里。一旦到了那里，孩子们就可以通过在表格上给小马起个名字，然后进入马车队的小马比赛……只要他们的父母有人试驾埃兹尔。等到了经销商公布赢家时，许多家长选择的是200美元奖金，而不是一匹小马，因为他们既没有地方来饲养小马，也没有把它带回家的欲望。现在，福特的麻烦又多了一个，他们不仅要出售四个轮子的资产，又要出售四条腿的资产。

即便福特在广告方面以及试图以小马收买孩子从而控制市场权力方面投入很多，但其销量大幅下滑的迹象一点儿都没有得到改善。1959年11月，由于令人失望的零售业绩，福特宣布中止了埃兹尔项目。据估计，福特由于这款汽车损失了大约2亿5000万美元——这在当时可是一笔巨资。相比之下，福特1956年的首次公开招股（IPO），这是当时华尔街历史上规模最大的私人公司向公众出售股票的事件，共筹集了6亿4300万美元。投资者的很多钱都打了水漂，怪不得那些买福特股票的人一提到埃兹尔就怒目相对。

公平地说，福特的不幸部分可以归因于其控制能力之外的因素。新产品发布时恰逢经济衰退，对中档汽车的需求低迷。随着经济由好变坏，突然之间，更多的人想买便宜、节油的汽车。然而，福特通过推出更昂贵的埃兹尔车型并没有给自己带来什么好处，并且埃兹尔相对于福特家族其他品牌的市场定位也不清楚。消费者特别想知道埃兹尔是定位于福特和水星两种车型之间，还是水星和林肯两种车型之间。1958年，埃兹尔高端新车型的发布处在其他汽车制造商展示其当年车型的时间节点之前。此时，经销商正在对其库存的1957年款车型大打折扣，从而使得埃兹尔显得价格过高。此外，福特在对其所发布的令人费解的埃兹尔各系列车型进行诠释方面，做得也不太好。从旅行车到敞篷车的全部18种车型可分为四个不同系列品牌：漫游者、步测者、海盗和嘉奖。如果现在你都觉得这一切听起来有点混杂，那就可以推测对于当时的消费者来说这些有多么复杂。福特避简就繁，而且还花了大把的钱把事情做得太多太快。

“重要的是记住埃兹尔生产线只是一个更大战略的一部分，福特将扩大其产品线，生产各种档次、各种用途的车型来应对通用汽车（General Motors）的各款车型。福特确实从埃兹尔的失败中吸取了教训，他们放弃了与通用在品牌数量上竞争的战略。福特将重心放在其核心品牌，而不是建立新的部门来应对通用汽车。我认为可以从公司最近应对大萧条的埃兹尔车型的教训中吸取教训，在此期间，福特淘汰了水星这一品牌（2010年），以便进一步将其努力聚焦并关注于产品线。”

马特·安德森（Matt Anderson），
密歇根州迪尔伯恩市亨利·福特博物馆交通部及教育机构负责人

值得称赞的是，福特能够迅速从埃兹尔的失败中走出来，并铭记重要的经验教训。1964年，公司推出了野马（Mustang）汽车，它不仅有着时髦有力的名字，而且其设计也具有清晰界定的市场。这次福特较少炒作，而是设定了年销售10万辆的适中目标。这一次，公司在“野马”步入市场一年的时间里就取得了41.7万辆的销量额。在外观和性能方面，它完全弥补了埃兹尔的缺陷，发布之后的数月之内该车就出现在邦德电影《金手指》中，并成为印地安纳波利斯500赛车比赛的开路车。其野心甚至引起了孩子们的注意——根据福特方面的说法，该车型的儿童脚踏车版本卖出了9.3万台，代替了小马玩具，被溺爱孩子的父母买来作为1964年孩子们的圣诞礼物。

埃兹尔的失败，使Edsel这个词语被作为“炒作营销灾难”的同义词收录进韦氏词典。然而，多年以后，人们对这款汽车却形成了一种狂热的崇拜。第一个埃兹尔俱乐部在其首次亮相的10年后得以成立，今天，埃兹尔汽车自豪地与其他经典车型一起出现在美国大大小小的秀展上。有悖常理的是，埃兹尔与不幸失败之间无法解脱的联系似乎在收藏者中增添了吸引力和魅力。如同一个被诅咒的宝石，其糟糕的经历增加了人们对其故事的兴致。

“我认为大多数汽车历史学家都会同意，事后看来，埃兹尔事件中最为不幸的是，它损害了埃兹尔·福物的名字，”安德森说，“埃兹尔·福特对汽车车型有着与生俱来的天赋，又对他那一代最引人注目的一些汽车负有责任，包括林肯-西风和原始林肯大陆。还真是讽刺，他的名字居然与一款样式受到嘲笑的车型联系在一起。”

洗到坏掉——宝莹洗衣粉的过度清洁

受人尊敬的商业记者安德鲁·戴维森（Andvew Davidson）将

采访联合利华（Unilever）主席迈克尔·佩里爵士的内容写成了一篇很棒的文章，并发表于1995年《今日管理》杂志上。一开始，访问的气氛看起来很不错，但随后气氛恶化到双方都觉察到了紧张感。“你知道的，你只是在这个主题上套我的话。”佩里在受迫进行评论之后恼火地向戴维森说。这次采访的主题是什么？为什么这个冷淡的人不愿意交谈？这两个问题的答案都是宝莹洗衣粉（Persil Power）所引发的灾难。

宝莹是1909年出现在英国的第一个洗衣粉商业品牌，并在英国-荷兰合资巨头联合利华的精心管理下，享有数十年的市场支配地位（需要指出的是，尽管宝莹品牌被德国汉高集团在德国和其他市场中所拥有）。但在20世纪90年代初，在英国和荷兰这些国家，宝莹却承受着来自碧浪（Ariel）的巨大压力，而碧浪是联合利华的主要竞争对手宝洁公司所拥有的清洁剂品牌。宝莹与碧浪之间的这场竞争异常残酷，通常被称为“肥皂之战”。随着碧浪超强洗衣粉（Ariel Ultra）的问世，该产品定位于经科学证明用更少的洗衣粉就可以比以往任何产品都清洗得更干净，宝洁现在似乎比联合利华更有优势——请原谅这里所用的双关语——这将使宝洁在市场上大捞一笔（清洗干净）。

联合利华让他们的专家放手一搏研制新产品。于是，他们发现了一个新的锰催化剂，可以在洗涤过程中加快漂白。当该催化剂在测试中表现出令人印象深刻的清洗结果时，公司马上就发布了宝莹洗衣粉（Persil Power）这一著名的清洁剂新产品，里面含有这种有效的清洁成分。因此，消费者对这个新产品的功能没有任何怀疑，联合利华的营销人员把这种催化剂称为“促进剂”。

联合利华的高管们在张罗新产品发布时，他们相信宝莹会巩固其在清洗剂行业中的优势，然而，却出乎意料地被竞争对手宝洁给震惊了。宝洁公司自己做了测试，认为联合利华准备推向市场的产品对于消费者来说效力过于强劲了。很不同寻常的是，宝洁把这种担忧告诉了联合利华，并警告说，如果联合利华继续将这种配制效力的洗涤剂投入市场，宝洁就会在双方的竞争中不再客气。联合利华的高管选择了无所顾忌地继续，认为宝洁的最后通牒是他们自己开始慌乱的表现。1994年4月，宝莹投入市场，并在去污产品方面取得了销售突破。新产品的样品被派送到了1000万个英国家庭，这是一次规模巨大的推广活动。不久之后，这也成为了一次巨大的失败。

联合利华对新产品的测试大部分使用的都是新衣服。但其效果在纤弱的旧衣服方面却截然不同。尽管只要是洗涤剂就会在某种程度上对衣服产生损害，但宝莹的清洁力实在是过于强大了，消费者即便是小心翼翼地按照建议的量来使用，衣服仍然会褪色，并被彻底降解。当人们开始抱怨所钟爱的衣服在用过宝莹洗衣粉之后被过度漂白或是变成碎布的时候，联合利华的高管们意识到，研发阶段的测试与分析已经把事情搞砸了。就在联合利华思索该如何收拾局面的时候，宝洁趁火打劫了。宝洁把那些使用宝莹而被损毁的衣服照片发送给欧洲的全国性报纸，并在新闻稿中配上这些图片，落井下石地用“衣不蔽体”这样的字眼来进行描述。可想而知，记者们遇到这么有内容的故事该有多高兴他们不费吹灰之力就得到了这么好的新闻素材。这些报道折磨着联合利华，消费者为寻求赔偿而寄来的破损衣物堆满了一整个仓库，他们不得不对此进行处理。除此之外，这款新产品的极差口碑损害了公司长期建立起来的品牌声誉，并且可能还要面对来自一些超市的诉讼。

消费者协会在2005年2月的结论是压垮宝莹的最后一根稻草。

该协会进行了被称为规模最大的测试，或者说是在世界范围内消费者协会在洗衣粉方面所做的前所未有的测试，并得出结论，宝莹洗衣粉确实加速了衣服的损害，用宝莹洗衣粉洗过的衣服，其强韧度只有用碧浪超强洗衣粉洗过的衣服的40%。

联合利华别无选择，只得把产品撤出市场，未售出的产品库存价值5700万英镑。可是一旦考虑了庭外和解、产品开发和营销成本等，实际的失败成本很可能接近2亿5000万英镑。由此可见，在提及宝莹洗涤剂这个话题时，迈克尔·佩里威胁安德鲁·戴维森要中断采访就不足为奇了。这种失败是无法通过粉饰来掩盖的，越是想要掩盖就越会被人提起。

辛克莱C5——最差的产品

2013年，一项针对小发明秀展的民意调查要求技术迷们说出有史以来最糟糕的小发明。排在第一位的是辛克莱（Sinclair）C5，这是一辆电动三轮踏板车，最大时速可达15英里。1985年，该产品在英国一经问世便受到安全方面的谴责。开发这种塑料结构车子让英国最聪明的发明家蒙羞，因为开这种车子的人在有汽车和卡车出现在他们周边时会觉得自己尤为脆弱，他们要利用挤在膝盖下的手柄来操控车子，而两年前，这位发明家由于首相玛格丽特·撒切尔（Margaret Thatcher）的推荐刚刚获封了爵位。

这位发明家就是克莱夫·辛克莱爵士（Sir Clive Sinclair），他由于在20世纪60年代末发明了微型电视而一举成名，并在1972年成为首批超薄便携计算器的开拓者之一发布了ZX80——第一台不到100英镑就可以买到的个人电脑 ，接着又发布了ZX81和ZX

Spectrum，当时这在英国是最为成功的电脑，在其鼎盛时期一个月就销售20万台。克莱夫拥有的辛克莱研究公司的估值高达1亿3400万英镑，他也成了有钱人，可以追寻他十几岁的时候就有的。发明电动汽车的梦想。

辛克莱汽车公司就这样成立了。该公司与英国莲花汽车公司（Lotus）签约，让其完成底盘和变速器的设计及开发工作，而生产则放在梅瑟蒂德菲尔区的胡佛工厂。胡佛参与的目的是要创造一个持续流传的都市神话，即C5实际上是由洗衣机的引擎来驱动的。尽管这个弱小的发动机征服不了陡坡路面，但还好的是，司机如果想要让这部车子登顶，满头大汗地狂登脚踏板就可以了。然而，这种没有吸引力的产品却被克莱夫爵士看作是营销优势。15英里每小时的最高车速意味着，在英国的新法规之下，没有驾照也可以开着C5上路。克莱夫确信，他正在创造的是一部生态友好且商业上可行的车辆，迎合了广大上班族和寻求乐趣的青少年的需求。在克莱夫的商业计划中，他霸气地预测了25万辆的销售额；但保险起见，胡佛的两条相同的生产线可以将生产能力翻倍。

“作为在皇家艺术学院学习汽车设计的年轻学生，我赢得了辛克莱赞助的电动汽车设计大赛。这使得我能在毕业时被克莱夫录用，并在他的室内汽车设计工作室工作。克莱夫正处在巅峰状态，而我还不太确定未来是钻研技术还是做汽车设计。当时，这是一个不可思议且极有吸引力的机会。我成为剑桥辛克莱研究站的第一名员工。克莱夫是一个非常聪明和慷慨的人，但他不能理解新市场和成熟市场的区别。计算机这样的新市场需要预测新行为，而交通工具这样的成熟市场则需要按常理出牌。他完全没有考虑安全和方便性这类问题。于是

我就问，在视野、后视镜、距离指示器等方面我们正在做哪些工作呢？这让产品的成本增加不少……作为设计师，我考虑的是克莱夫所忽略的客户体验方面的一些细节。”

格斯·德巴拉茨（Gus Desbarats），英国设计创新协会主席

过于乐观的销售预测为新产品发布设定了很高的期望，并导致了一些错误的投资决策，以至于克莱夫爵士用于这个项目的资金消耗远远快于计划。典型事例便是铸模车身，据说这是第一次大规模装配生产聚丙烯外壳。尽管进行了一些调整，但产品设计还是有着严重缺陷。可是由于资金吃紧，克莱夫爵士决定提前发布产品。所以，C5是在1985年1月极为寒冷的一天在伦敦山顶的亚历山德拉宫向市场和媒体发布的。对于展示一辆敞篷并配备电池的车子来讲，寒冷的天气实在是不理想，车子很难在低温状态下表现良好。

尽管售价只有399英镑，C5还是未能赢得英国公众的青睐。想到半卧着坐在一辆低矮的车子里，人们就会感觉不舒服。在露天驾驶舱里，视线几乎接近柏油路面，这让他们在车水马龙中感到十分紧张。英国安全委员会和一些汽车团体组织都表达了对司机的视野和车辆脆弱性的担心。汽车协会甚至给C5贴上了死亡陷阱的标签，担心载重货车司机很可能无法注意到这辆三轮车而将其碾压成碎片，因为它实在是太低矮了。除了上述这些安全问题及动力缺乏的问题外，其他缺点还包括车子的重量、固定齿轮传动链以及无法调整座椅以使踏板位置更加舒适。C5并没有成为第一个成功大规模商业化的电动汽车，而是沦为了笑柄。它的销售数据很悲惨。在当年年底之前，C5就停止了生产，辛克莱汽车公司进入破产管理程序。第二年，由于财务问题的困扰，克莱夫爵士把电脑业务的营销和推广权以500

万英镑的价格卖给了艾伦·休格（Alan Sugar）（现在是勋爵）的Amstrad集团。休格爵士因为在英国电视纪实秀节目《飞黄腾达》上作为嘉宾出现而被人们所熟知，他无情地吞并了辛克莱这个竞争对手。虽然克莱夫爵士仍然在不断创新，但是他再也没有达到其早期令人仰止的高度，并始终被嘲笑C5的失败气氛所围绕着。

与此同时，德巴拉茨经过严峻的考验，建立起自己成功的工业设计公司TheAlloy，并成为英国设计创新协会全国主席、职业工业设计师的代言人。他从在辛克莱工作的经历中所得到教训之一就是，设计结果实际上是接下来所有阶段的采购规范——他说，这是一种洞见，并将此渗透到他每一天的工作中：

“由于目睹了克莱夫的泡沫，后来当我带领自己的企业时，我意识到需要积极寻找、鼓励并奖励反对意见。我很早就学会了如何在众人中发现并制止‘举手党’。我对C5的主要贡献是将一个丑陋且无用的设备转换成了一个更漂亮、更安全、更可行的无用设备。自从我确定介入创新过程早期阶段即设计基础结构以来，就再也没有对从根本上就比较糟糕的创意进行修饰这种事情满意过。看着一个优秀的专业团队被埋没真是一种令人难以置信的悲惨经历，从‘莲花汽车’的机械工程师到‘主联公司’的营销广告团队，所有的人都在一场注定要失败的、毫无意义的事业中出色地做着他们的工作。糟糕的战略伤害着好人的生活。就在为C5效力期间，我在自己的婚礼上遇到了一位极为优秀的男人——克里斯·福克斯，他是一位真正优秀的市场营销专家，也是我最近距离接触的导师，克莱夫欠他大笔债务。20世纪80年代，超级实验室中的氛围令人惊诧。我从C5转到设计世界上第一款笔记本电脑，该经历让我非常清楚地看到，我们工业设计师不是地球上唯一具有创造力的人，无论发生了什么差错，至少克莱夫尝试了，而且言出必行。英国迫切需要新一代与克莱夫一样具有‘魔力’的企业家。但是希望这些人在早期调查结构与形式时，就能有像我这样能够发现并指出问题的人。”

奉承可以是破坏性的。的确，越是成功的商业领袖或企业家，他们越需要反面声音和定期的现状核查。

给我拿盏喷灯来——无烟香烟Premier的市场失败

20世纪80年代早期，烟草公司雷诺兹（RJ Reynolds）在北卡罗来纳州的温斯顿－塞勒姆开始秘密研发新产品，这款产品最初的代号为“水疗”。研发工作非常隐蔽，以至于在开始几年连公司董事会都不了解，该项目导致了20世纪80年代末革命性的“无烟香烟”运动的发起。这款名为Premier的产品，旨在反击在美国备受关注的二手烟问题所引起的反烟草运动。由于烟草业对健康影响受到了严厉地指责，烟草行业的市场逐渐萎缩，20世纪80年代美国香烟销售量每年都要下降近2%——雷诺兹公司希望Permier可以为吸烟者提供“清洁”的吸烟体验，并让周围的不吸烟者更容易接受。

表面上看，Permier香烟很像普通的香烟。但当吸烟者吸完时，其长度跟开始一样，并且也没有灰烬。这是因为当他们被点燃后，烟草并没有燃烧，而只是被加热。木炭热源加热的是一粒含有尼古丁、甘油和其他成分的味道胶囊。一旦味道没有了，吸烟者就知道该丢弃香烟了。尽管被统称为无烟，但这并不准确。它还是有烟的，只不过和正常香烟相比烟比较少，而且特性也不一样。雷诺兹强调这种烟应该叫“清洁烟”，很明显，这是一个更加健康的选择。然而，这并没有使得该公司受到健康活动推动者的喜爱。

当这种烟被引进的时候，卫生局局长埃弗雷特·库珀（C. Everett Koop）认为，它可以作为复杂的吸食可卡因的“药物输送系统”，因此应该受到食品和药物管理局（FDA）的严格监管，而不是受到通常为烟草产品负责的机构的监管。领导卫生组织的联盟后来请求FDA把Permier归类为药物，并表达了产品的新型指标可能会诱惑易受影响的儿童对尼古丁上瘾的担忧。此外，美国医学协会呼吁停止Permier的分销，直到有更多证据表明其安全性。这是一次面临一致反对意见的产品创新。

但是，从测试市场的反应来看，这个产品真的要结束了。消费者抱怨说，他们发现很难点燃Permier香烟。这还不算，一旦点燃，他们就会遭遇味觉和嗅觉的双重感官问题。对之深恶痛绝的吸烟者将Permier的口味比作燃烧塑料和烧焦的运动鞋的味道。至于气味，虽然有人认为这种香烟散发的气味闻起来像燃烧的狗，但大家基本都认为这种味道像放屁的臭味让人作呕。

1988年11月，当Permier打入市场的时候，雷诺兹的母公司雷诺兹-纳贝斯克（RJR Nabisco）卷入了一场备受瞩目的收购行动，并使其被私募股权公司科尔伯格·克拉维斯（Kohlberg Kravis Roberts）收购。这次250亿美元的交易当时是华尔街历史上规模最大的杠杆收购买断交易，记者布莱恩·伯勒（Bryan Burrough）和约翰·希利亚尔（John Helyar）的畅销书《门口的野蛮人》中出色地讲述了当中错综复杂的故事——幕后操纵者们对企业控制权的争夺，很多高管、银行家和律师都被牵连其中。这个故事是如此引人入胜，以至于被拍成了电影，詹姆斯·加纳（James Garner）饰演雷诺兹-纳贝斯克的首席执行官罗斯·约翰逊（Ross Johnson）。在这种背景下，Permier变成了更大叙事情境下的次要情节。然而，随着次要情节的发展，它却成了重要的情节，没有任何别的原因更明显地导致了失败。正如伯勒和希利亚尔在书中所写的，Permier是有史以来第一支要求退款的香烟，成为圣路易安纳州和亚利桑那州这两个产品试验地人们茶余饭后的笑料。这款产品本来是雷诺兹烟草公司的希望，却成为有史以来新产品惨败的事例之一。

1989年初，雷诺兹——作为科尔伯格·克拉维斯公司（Kohlberg Kravis Roberts）的子公司——把Permier撤出市场。由于市场反馈极差，除了将该产品撤回之外别无选择。雷诺兹总共在这个项目上投资了近3亿5000万美元。接到把Permier从市场撤出的消息时，普惠证券投资公司的烟草业分析师伊曼纽尔·高曼（Emanuel Goldman）表示他一点儿也不吃惊："这款产品口味不好，气味也不好。而且，你还需要用一个喷灯来点燃它。"不得不说，这样的失败也很难复制。

此时这似乎是个好主意……

- 20世纪90年代初，我们需要的是看起来像苏打水的可乐，或者说是百事可乐。无咖啡因水晶百事的意图是利用透明即纯洁的想法，可是一旦人们意识到自己并不需要清澈的茶、咖啡或热巧克力的时候，这种透明可乐也就很快消失了，为什么我们想要一种无色可乐呢？
- 12英寸的草坪飞镖是为户外投掷设计的，它更像是一种武器而不是玩具。您或许想知道，当这些尖头的投射物被猛掷的时候会发生什么问题？1988年，在它致使三个孩子死亡、数千人受伤之后，美国消费者产品安全委员会禁止了该产品的销售。“富兰克林运动”等一些制造商生产的是金属头的飞镖。现在有了更安全的塑料头制品，不会因为弄伤玩家而让大家扫兴。

● 20世纪80年代末，正如金宝汤公司（Campbell）致力于将方便食品提升到一个新水平一样，肯定有些东西是在流行中（小心了——也可能是一枚草坪飞镖哦！）。1987年，它推出了汤料组合装，即一系列冷冻微波汤外加三明治的组合。这正是大家翘首以待的：三明治在微波炉叮的一声响之后看起来软绵绵的美味可口。但即使是对于美国许多赶时间的人或是懒得做饭的人来说，做一个这样的三明治和汤也没什么难度。电视的广告歌是用汤料组合的词配上了歌手法兰克·辛纳屈（Frank Sinatra）的成名曲《爱情与婚姻》的旋律。这首歌最初是由尼尔森·瑞铎（Nelson Riddle）改编的。但让人不解的是，金宝汤为什么会去做这个毫无新意的产品呢？

● 以100%可用作堆肥的袋子来包装其太阳薯片赢得了费多利公司（Frito-Lay）的赞赏。悲催的是，任何掌声都会被顾客将手伸进口袋拿薯片吃时异常嘈杂的噼啪声所淹没，这些可持续性材料做成的包装袋的声音实在是太大了。脸书的一个页面上写道：“对不起，可是你听听阳光薯片包装袋的声音，我听不到你在讲什么。”这句话赢得了5万多人点赞。

● 自文艺复兴时期以来，意大利的伯莱塔枪械公司（Fabbrica d’Armi Pietro Beretta）就一直生产武器。这家枪支制造商的声誉极好，以至于作家伊恩·弗莱明（Lan

Fleming）给其笔下的詹姆斯·邦德（James Bond）也配置了一把伯莱塔手枪。在弗莱明早期的007小说中，共有25把自动手枪。20世纪80年代中期，通用汽车推出了一款名为雪佛兰·伯莱塔的双座跑车，但不久便接到了来自这家意大利公司的商标侵权诉讼状——该公司从1525年开始就已经在伯莱塔的品牌下进行工作了！1989年，该诉讼达成了庭外和解，通用汽车向伯莱塔癌症基金会捐赠50万美元，以换取伯莱塔名字的使用权。为了纪念这次争端的解决，两家公司的董事长在意大利亲自会面并交换礼物。通用送了一辆雪佛兰·伯莱塔GTU双门跑车（当然送这个），并换得了伯莱塔狩猎步枪和霰弹猎枪的品牌使用权。

提示与教训

- 经常问问自己是否迎合了消费者的真实需求。
- 确保你明确传达了新产品的市场定位。
- 只是由于你能够做这件事，并不意味着你应该做。
- 在发布新品之前消除缺陷与故障。
- 消费者安全是最重要的。

第五章

05 Chapter

愚蠢的花招
博人眼球的致命愚行和由此引发的街头混乱

以独特方式展现华丽的噱头可以成为全世界新闻的头版头条。想一想红牛2012年10月为勇敢的澳大利亚跳伞家菲利克斯·鲍加纳（Felix Baumgar-tner）进行的赞助以及跳伞高度创下新纪录时所进行的超大版面的报道。而这也迅速成为了史上营销噱头最成功的事件之一，鲍加纳惊人的行为为红牛品牌（Red Bull）所做的宣传大概价值1亿英镑。此次跳伞在世界上50个国家进行了电视现场直播，还有800万人在Youtube上观看，而在脸书和推特上的网友也在热烈地讨论着他的惊人壮举。但是，如果红牛这次的宣传活动失败了怎么办？如果鲍加纳在此次从24英里高度跳下来（意味着他下落的速度比声音的传播速度还要快）的危险行为中失去生命，那么人们将如何看待红牛这个品牌？

但幸运的是，鲍加纳的成功让这一问题只存在于理论层面上。鲍加纳和他的后援团花费了整整5年时间进行训练或者为此次任务做准备，他们工作一丝不苟，将危险降到了最低。而他们费尽心血的努力最终也换来了回报，他们现在获得的所有掌声和鼓舞都是应得的。尽管红牛的团队兢兢业业，不放过任何一个细节，但是在鲍加纳跳落的时候，有那么一刻他们也差点失去控制。这种危险——让鲍加纳热血沸腾的危险时刻——是真实存在的。

很少有公司会像红牛这样为了宣传推广而进行复杂且危险的特技表演（如果很多的话，那就跟好莱坞大片一样了）。但是，与众不同的做事风格和吸人眼球的行为一般都存在一定的危险性。那些剑走偏锋的营销噱头可以让品牌出丑，尤其是当事态严重失控以致惊动警方的时候。这样的事情其实也常常发生，并被戏称为“条子参与下”的失败营销。

卡通网络公司的波士顿炸弹

卡通网络公司（Cartoon Network）断定，游击营销是将大众注意力从怪诞的卡通剧《饮料杯历险记》转移到其电影衍生品上面的很酷的方法。这部卡通剧讲述了三个来自于快餐食谱上的拟人化食物——我不是在说笑——奶昔、肉丸和薯条的故事。纽约广告创意公司创造了一种利用二极管的发光海报，来模仿电影中的角色穆尼奈兹的行为，雇人在夜深人静的时候把40张左右的海报贴满了波士顿街头。2007年1月31日早高峰时段，一个上班族看到了州际93号高速公路靠近地铁终点站的高架上的这种发光海报，他颇有点担心并向马萨诸塞州湾区交通局的交警报了警。交警召来了拆弹小组，并引发了严重的骚乱。这一广告海报和爆炸装置很像——可以看到电源以及将电线暴露在外面的线路板和绝缘带——所以，应急小组为了保证万无一失，对该海报进行了受控爆炸以化解危机。一些桥梁、几段州际公路和查尔斯河的延伸地段，都因为警方调查其他装置的需要而被封锁。由于此次开展的安全行动重大，不断有直升机在空中盘旋，关于此事进展的新闻报道也铺天盖地席卷而来。

此事发生的第二天，人们发现这只是一次营销噱头。恐慌褪去了，但市交通局却很愤怒。波士顿市长托马斯·梅尼诺告诉《今日美国》的记者说："这简直就是骇人听闻，在911事件后，居然会有一家公司使用这种手段进行营销。"市长还说，他准备对卡通网络的母公司特纳广播（Turner Broadcasting）公司提起诉讼，要求其赔偿因此次事件所造成的一切损失。张贴这些海报的肖恩·史蒂文和皮特，以安装疑似炸弹装置的重罪被逮捕，他们将可能面临最高5年的有期徒刑。在该事件之后的一个星期，马萨诸塞州的总检察长玛萨·柯克丽宣布，特纳广播公司和纽约的广告创意公司已经同意为免除对其提起的任何民事或者刑事起诉而赔偿200万美元。事实证明，这一拙劣的噱头最终让他们付出了昂贵的代价。

几天之后，卡通网络的主管吉姆·桑普思，这位有着13年工作经验的公司资深员工为此事承担了责任。他之后在写给雇员的信中解释了辞职的原因：

"我为此次事件对公司造成的负面影响和巨大损失深感抱歉。作为卡通网络的主管，一想到在我的眼皮底下竟发生如此严重的错误，我就觉得必须即刻离开。"

史蒂文和皮特在一家康复医院完成社区服务的任务，并且在法庭上当场朗读其准备好的致歉词之后，检察院最终撤销了对两人的起诉。市长梅尼诺也发表了一个声明，他希望听证会标志着此次事件的终结。他还补充道："我希望想要在波士顿进行游击营销的人都能知晓，我们把在波士顿工作和生活的人的安全摆在第一位。”确实如此，这是一次愚蠢和不负责任的营销，这一点毫无疑问。然而，卡通网络也有一点不走运，这件事是出乎意料的。卡通网络在美国其他9个城市也放置了这些海报，但都没有遭遇像波士顿这样的大规模的紧急反应。

此次事件其实是有一些神秘原因的。据报道,《饮料杯历险记》的创作者戴夫 · 威利斯（Dave Willis）和马特 · 麦耶拉罗（Matt Maiellaro）曾经为该剧第五季写了一集《波士顿》，讲述的是在新英格兰处理市场营销失败和引发大混乱的故事。意料之中的是，特纳广播公司紧张不安的律师们不同意播出这集的内容，于是，本应该在2008年上半年播放的这集剧一直没能上映。戴夫在一次采访中开玩笑说，这一集被控制在录像带里，并锁在地下室中，要等他死后才会播出。也许他并不是在说笑。正如波士顿事件所表现出来的，有时候很难区分什么是玩笑什么是正事。

外星人来了吗？——瑞典第二电信公司在拉脱维亚设下毫无意义的陨石骗局

事情的真相往往不是人们第一眼所看到的那样。2009年10月25日星期天的晚上，一颗燃烧着的陨石从拉脱维亚的天空中划过，并与靠近爱沙尼亚相交的边境地区猛烈相撞。当时正在附近的一名学生和他的朋友们马上赶到了事件现场，并用不太流畅的视频记录了陨石坑燃烧的过程，之后将视频上传到Youtube，随即该视频便出现在各大新闻网站上。随着对此事关注度的不断提升，越来越多的媒体聚集到事发地点，军队封锁了该地区，科学家们也到此地检测辐射影响并对爆炸地点进行各方面的检查。他们发现，这个10米宽的陨石坑实际上是用铲子挖出来的；所检测的石头样本也并非来自于外太空。而且，还有烟火爆炸的痕迹。很明显，这是一次有组织的恶作剧，尽管手段一点也不高明，但相比于“末日审判”或者“彗星撞地球”的骗局，成本预算要更低，而那个编造故事的学生也已经消失不见了。拉脱维亚警方宣布，不排除提出刑事诉讼的可能。

两天后，瑞典第二电信公司承认其是此次闹剧的始作俑者。该公司在拉脱维亚的子公司联合当地媒体，在获得瑞典总部同意之后，一起制造了此次骗局。但是，他们究竟为什么要这么做呢？拉脱维亚是受经济下滑影响最严重的欧洲国家之一，正在实行紧缩的经济政策。瑞典第二电信公司在拉脱维亚的发言人声称，此次事件本来是想转移人们的注意力，不再沉迷于低迷的经济，给人们提供一些让人兴奋的谈资。

对于在一个国家的边境上挖一个巨大的坑，然后在坑里面点燃燃料是一种具有创造力行为的说法，我是持怀疑态度的。但是，这种行为的逻辑是什么？他们想要传达什么样的信息？电信工业的品牌并非是基于将人们的注意力转移到国家经济萧条之外而建立起来的。耍花招并不能赢得人们的信任。如果想要传达一种引人入胜的、理性的宣传信息，那么就像“陨石”骗局一样，瑞典第二电信公司显然失败了。

第二电信公司做出声明，将向拉脱维亚政府赔偿此次骗局引发的一切损失，但是拉脱维亚政府仍然无动于衷。内务大臣琳达指控第二电信公司愚弄拉脱维亚人民，损害了人民利益。她还补充道，将与该公司解除所有合同关系。她说：“内务部拒绝与以牺牲人民利益来宣传自己的公司做生意。”此次事件不仅没有使拉脱维亚人民兴奋起来，而且直接导致第二电信公司这颗“星星”在拉脱维亚彻底陨落。所以说，如果品牌要成功地做出高质量、高水准的宣传，需要好好学习红牛的做法，不要欺骗大众。

智能手机发布会引发气枪射击和混乱——韩国LG公司为医疗救治埋单

五彩缤纷的气球做成一个巨大的字母G模样，旗帜在微风中摇动，在发布会上公布新款智能手机的超低价格：听上去这一切是轻松愉悦、平和美丽的。2013年8月，LG电子公司在首尔公园里举行了G2智能手机的宣传发布会，然而发布会上发生的事情却更像是战场上的冲突，而并非是孩子们的聚会。

为了给新款智能手机造势，LG公司在韩国首都首尔的发布会现场专门将100部手机作为奖品送给现场观众，他们将标记有获得奖品手机的气球散落在公园的各个角落，以供活动参与者寻找，为了增加自己获得G2智能手机的概率，一些现场参与者将此次发布会当作了韩国城市野鸡射击活动，他们在公园中全副武装，佩戴着用实弹射击的气枪。而其他人则选择了更加危险的打破气球的工具。其中一个女人还在现场挥舞着一支长矛。这预示着，参与此次事件的人很有可能会遭遇不测。

当一束气球飘浮到地面上的时候，早已准备好的人群对其进行了突袭。在混战当中，为了抓到有奖的气球，大概造成了20人受伤，其中7人需要紧急医疗救治。这一搞砸的宣传活动也因此成为全球各地的头版头条，媒体纷纷指责LG公司没有做好充分的安保和公共安全措施。也许应该为地面上这些LG 的销售代表们每人配备一部智能手机，并在手机上事先安装好分步骤进行人群控制的应用程序。

之后，LG公司发布声明，对伤者表达了悔意："我们确认7名参与者都已经被送往医院救治，尽管伤情并不严重，但LG公司对此承担全部责任，并已经向受伤人员支付了所有相关医疗费用。LG公司正在对此次事件展开调查，以确保今后不再发生类似情况。"

我不是卫生健康和安全方面的专家，但是更为严格地组织活动并禁止使用极有可能造成人员伤亡的物品，对于开展一项活动来说可能会是一个较好的开端。除非LG此次营销的真实目的就是为了展示其智能手机在召集紧急救治服务方面有多么迅速。

军械库营销的武器——育碧公司经销商和戴尔公司令警方不安

举起手来！所有那些赞成拿着假枪恐吓人们来进行促销的人，现在举起你们的手来吧！所有人吗？当然，是有一些人觉得这是一个好主意——产品宣传中如果没有那些佩戴武器的怪诞小丑的话，那么世界就会变成一个更加无聊的地方。尽管这种活动可能会安全一点，但绝对是很无聊的。

2010年4月的一个星期五，一些人坐在新西兰奥克兰维达港的一个名叫"吃货"的酒吧外小酌，消遣着美妙的夜晚，但他们的享受时间却被一个挥舞着枪的男人突然扰断了。有人喊道："他有枪！"恐慌的食客们匆忙躲藏。酒吧经理史蒂夫（Steph Kurtovich）在接受新西兰先驱报采访的时候说："这家伙手上绑着绷带，用枪指着坐在店外面的几个顾客。他们被吓坏了。"全副武装的警察冲进酒吧，直到缴获嫌疑人手枪的时候，他们才发现这把枪是塑料做的。有两个人被当场警告。持枪人实际上是个演员，被雇来宣传育碧公司（Ubisoft）的电子游戏《纵横谍海：信念》。他试图模仿这款游戏里的主角山姆·费舍尔（Sam Fisher），即黑色行动中的动画人物，这也是由汤姆·克兰西（Tom Clancy）所创造的暴力视频游戏系列里的人物，但这个人的表演却一点也不像。育碧公司在新西兰的经销商摩纳哥公司对此次“出错的营销宣传”做出了道歉，透露其原本是要让另外一家公司组织此次活动，并声称对涉枪的情况一无所知。警方对此次恶作剧行为进行了谴责。高级警官本·奥夫那（Ben Offner）说：“我们认为这样的宣传活动是非常不明智的，类似事故很有可能最终导致悲剧的发生，我们对此很是担忧。”

不到一年，在2011年2月，德州警方就表达了类似的担忧。在圆石市戴尔电脑公司（Dell）总部园区，布莱尔·切斯特（Bryan Chester）和他的老板丹尼尔·罗森（Daniel Rawson）决定举办一次内部宣传活动，以给其同事留下深刻印象，即新的戴尔平板电脑能够接入哈雷摩托车。这对搭档忘记了将这次事件告诉其他任何人。在毫无警示的情况下，切斯特身穿赛车服，脸上戴着黑面具，像恐怖分子一样出现在戴尔公司的总部。他大声叫喊着，手里还拿着一对不知道是什么东西的金属物件，看上去很像武器，他把人们都赶到大堂里面。惊恐的员工做好了最坏的打算。有些人还报了警，告诉警方公司大楼里面出现了蒙面持枪的人。他们真的以为自己遭到了恐怖分子袭击或被当作了人质。不久，特警队就到达了戴尔总部。他们在那里遇到了罗森，匪夷所思的是，一开始罗森居然还不愿意将面具男的身份信息以及他的行为目的告诉警方。幸运的是，之后他的态度变得温和了，在警方与切斯特在大楼的另外一处地点对峙之前把他们的计划全盘托出。假使特警队没有意识到这其实是个营销活动的话，那么切斯特很可能会面临很严重的后果。尽管他没有被击毙，但却以引起致命行为的不端举动被逮捕——依据德州刑法典，置他人于遭受严重身体伤害的紧急危险之中是一种违法行为。罗森则以干涉公共职责的较轻的罪名被起诉。圆石市警方发言人艾瑞克·普蒂特（Eric Poteet）告诫说："这种事很容易造成他人受伤。"

斯奈普饮料公司将自身品牌与纽约城捆绑在一起实在过热

如何才能让人们注意到奇异果和草莓味的全新冰棍？饮料品牌斯奈普（Snapple）突然冒出一个想法：做一个全世界最大的冰棍，将其放到纽约城的中心展示。这将成为一次壮举，因为在1997年，丹麦卡特韦克小镇的一群朋友曾用一个高6.4米、重约9吨的巨型冰棍创造了吉尼斯世界纪录。2005年6月，在不受外界干扰的情况下，斯奈普在新泽西完成了巨型冰棍的制作，然后通过冰柜卡车运到纽约联合广场，并在那里将冰棍竖立起来。这一作品高达7.6米，重量约16吨，远远超过丹麦的纪录，但是要更新这个纪录，就必须让这根冰棍站立起来。随着夏日阳光的直射，这根巨型冰棍融化的速度要比想象得更快。当将其从卡车后面拉出来的时候，带着甜味的黏稠物从冰棍上面流淌下来。随着黏稠物在街上慢慢铺开，骑自行车的人因此打滑，行人也纷纷摔倒。对于这些遭受"黏稠洪水"影响的人们而言，斯奈普的品牌口号"这些都是用世界上最好的东西做的"很可能会导致舆论哗然。

由于粉色液体在街上不断蔓延，这次活动惊动了警方和消防部门。为了让消防员能够把造成交通阻塞并不断融流的粉色液体冲走，他们封锁了几条街道。现场的冰雕专家向斯奈普表达了担忧的心情，认为这一巨大的冰棒可能没办法立起来了，再将其抬高一点点都有可能对公共安全造成很大威胁。最终，斯奈普放弃了创造新纪录的机会，不断融化的冰棍只被抬高了25° 角，现场则需要进行大范围的清理工作。

“液体一直不断地往下流，这让人非常不安，”见证此次吉尼斯纪录的裁判员斯图尔特·克莱斯顿（Stuart Claxton）说，“融化流下来的液体实在是太多了。在这么热的天气，只有加快动作才有可能创造奇迹。”

看起来，躲避这甜味液体的纽约人像机动渔船似的比斯耐普公司的人跑得更快。这一事件变成了一个笑话，让斯奈普品牌看上去很无能。未能打破纪录其实并没有什么，关键在于这一宣传活动让人们对其产品质量产生了质疑。消费者不会喜欢快速融化的冰棒，可是却对果味液体流入纽约的排水沟和下水道这件事津津乐道。

当然，当某个产品受到打压的时候，可能就是宣传另一个产品的绝佳机会。试想如果丹·克洛伊德（Dan Aykroyd）和比尔·莫瑞（Bill Murray）手头上刚好有销售防外部有害物质的外套来应对纽约大街上流淌的粉色黏液，事情会怎样？当时不就是推销《魔鬼克星》新电影的最好时机吗？

实在太冷了——英国电台使得伯明翰的比赛选手受伤

在斯奈普的宣传活动中，至少没有人受到任何伤害。但是，在2001年8月英国地区电台BRMB的恶意宣传活动中，事情就没有那么简单了。该电台在其伯明翰的办公室外举行了小镇“最冷座位”的比赛活动。参赛者们有机会赢得通往公园音乐节的门票以及在后台与明星面对面的机会，届时会有洁芮·哈利威尔（Geri Halliwell）和原子少年猫等流行音乐表演者参加。为了赢取门票，参赛者需要尽可能久地坐在干冰（固体二氧化碳）上。干冰一般会被用于速冻食品，其最显著的特征就是非常的冷。在处理干冰的时候，必须做好预防措施。而电台则忽视了所有可能发生的危险，鼓励那些渴望拿到门票的青少年们坐在干冰上忍受不适，而当时干冰表面的温度接近 –78℃。这可比北极甚至南极的冬天平均最冷温度还要低。

那些有胆量的流行音乐爱好者做了尝试，一直到他们忍受不了的时候才从干冰上下来，这对他们的身体造成了很大的伤害。其中，四人因冻伤而被送到医院救治。两名女性和一名男性伤得很严重，需要立刻接受皮肤移植手术，并且要住院观察10周以上。虽然他们接受了医院的治疗，但仍然会在皮肤上留下永久的伤疤。其中一个接受手术的女性告诉英国广播公司的记者："我听说这是医院皮肤科的护士看到过的最严重的冻伤。外科医生还说如果这些伤害是在我的手上或者脚上，他们可能会选择截肢——就是这么严重。"

BRMB对此次事件表达了深深的悔意，并对受伤的参赛者进行了赔偿。2003年1月，在伯明翰地方法院的一次听证会上，电台承认其违反了卫生和安全方面的法律，并且在以卫生和安全执行局（卫安局）为原告的案件中被罚款15 000英镑。卫安局的发言人说，这一宣传活动本来就不应该发生，这样的宣传创意实在是非常愚蠢。

憋尿拿游戏机和让火车头相撞——都是致命的宣传创意

如果说BRMB电台愚蠢的宣传活动还有优点的话，那就是没有造成任何人死亡。但很不幸的是，加利福尼亚州的电台KDND在2007年1月组织的一次宣传活动却完全没有考虑后果，造成了人员死亡。当时，对任天堂游戏机（Nintendo）的宣传铺天盖地，需求量很大。毫不夸张地说，这些人马上就会后悔。萨克拉门托电台设计了一个现在看来臭名昭著的“憋尿赢游戏机”的比赛。比赛规定参赛者要喝下很多水。而那个喝水最多又没有尿出来的人获胜。大概有20个人参加了比赛，而这一比赛也在电台的“早起狂欢秀”节目上进行了报道。

比赛进行了大概2小时后，一位名叫伊芙·布鲁克斯（Eva Brooks）的女性听众打电话提醒电台：喝太多水可能会导致人死亡。她带着警告的语气说：“那些人喝那么多水，可能会感到不适，很有可能水中毒。”其中一个电台节目主持人说道：“这一点我们是知道的。”而另一个电台主持人则补充道：“他们已经签了豁免声明，所以我们没有责任。没关系的。”水中毒是指当身体过度摄入水的时候会降低身体里的盐含量，使肾脏负荷过重，引发身体某些器官如大脑的肿胀，可能造成致命的后果。

在此次比赛两年前，也是在加州，21岁的学生马修·卡灵顿在一次捉弄新生的事件中就死于水中毒——而他的死亡也被很多媒体报道过。在没有考虑安全措施的情况下，电台的活动继续进行着。饮水过多的参赛者们一个接着一个地放弃了比赛，最后只剩下两名女性参赛者。她们两人都喝了7升多的水。28岁的詹妮弗·斯特兰奇（Jennifer Strange）已经是三个孩子的母亲，她想要为孩子们赢得这个游戏机，但在感到身体不适之后，便认输了。她在电台里告诉主持人，她觉得身体很疼。比赛之后，斯特兰奇由于头疼请了病假，之后便回了家——几小时之后，她死于家中。

在此事之后，KDND的母公司通信公司取消了《早起狂欢秀》节目，并解雇了10名工作人员，包括那3个电台主持人。2009年，斯特兰奇家在法官判定通信公司过失致死斯特兰奇之后，获得了165万美元的赔偿。死亡、丢了工作、昂贵的诉讼：这真是一个愚蠢至极的宣传活动。

然而，“憋尿拿游戏机”并非唯一一个致人死亡的宣传活动。早在1896年，在德州的牧场上公开举行的一次宣传活动就造成了战争般的灾难性后果，年轻的爵士乐作家斯考特·乔普林（Scott Joplin），由于亲眼见证了此次悲剧，受到启发创作了一首名叫《三月份的伟大碰撞》的歌曲。

19世纪末，那条横穿密苏里—肯萨斯—德州的铁路，也就是人们熟知的“卡帝”铁路，延伸到了孤星州。铁路客运代理人威廉·乔治克拉斯（William George Crush）突然冒出一个想法，让两辆货车迎面相撞，作为一次壮观的宣传活动。两个火车头，一个被刷成红色，另一个被刷成绿色——提前穿过整个孤星州，然后在预定的地点相撞，这彻底点燃了舆论。这次相撞被安排在靠近伟科市（Waco）的一个地方，而且之前的宣传活动非常成功，预计大概会有4万～5万人到现场观看。相撞地的临时城市被命名为“碰撞之城”以纪念此次活动的组织者，而在事发当天，该城市也将成为德州第二热闹的城市。我们必须在心中牢记，这一事件是在德州石油爆炸发生的5年之前，当时德州仅仅是美国一处人烟稀少的地方。在偏远地区随地露营的现象在当时算是一种风景，19世纪末的摇滚音乐节吸引了很多沿街叫卖的小贩、小偷和对庆祝疯狂感到好奇的普通人。忘记那个超大的冰棒，尽情享受此刻此景，这是一场盛大的聚会。

在近距离摆好姿势之后，就像拳击手开打之前那样，两个火车头先是被反向分开，然后再沿着相撞的轨迹牵引着7节车厢向前奔驰。随着火车不断加速，机师们跳离火车，两辆加速中的火车以总共100

英里每小时的速度相撞。兴奋的观看者们站在预计的安全距离处，但出乎意料的是，相撞使得其中一列火车的蒸汽引擎锅炉发生了爆炸。碎片飞溅到人群中，造成了灾难性后果。两名男性死亡，一名摄影师失去了一只眼睛，很多其他旁观者也不幸“在碰撞之城相撞”的活动中受伤。在受伤者接受治疗、铁路工作人员处理支离破碎的残骸时，寻求纪念品的人把碎片冲洗干净以留作纪念。其中一个旁观者说，这次爆炸事件让他想起了美国内战。至于那个叫克拉斯的男人，事件发生的当晚就被开除了——然而，第二天当老板从工程师那里得知锅炉几乎不可能爆炸之后，又将其复职。或者是因为他们很早就信奉那句搞错了的谚语：“世界上没有什么是不好宣传的。”

伏击式营销体育用品和虐待动物

● 2002年末，澳大利亚队和新西兰队之间一场关键的、势均力敌的橄榄球赛，由于两名身上画着沃达丰（英国电信企业）标志的裸奔者跑入赛场而中断。当时全黑队（指新西兰橄榄球国家队）的前锋安德鲁·莫顿（Andrew Mehrtens）正在准备发出一个至关重要的、有可能会决定比赛胜负的点球，但是他却错失了绝佳的机会。新西兰国家队输掉了比赛——如果安德鲁的点球得分的话，他们就能赢得比赛——很多新西兰人都很反感沃达丰此次的宣传活动。当人们发现沃达丰澳大利亚分部的老板已经事先同意为裸奔者支付扰乱赛场秩序的罚金时，沃达丰饱受批判。

● 荷兰啤酒品牌巴伐利亚（Bavaria）在两届世界杯上连续利用伏击营销的方式，试图以国际足联官方赞助商百威啤酒为代价，为自己的品牌增加曝光度。2006年在德国，身着百威标志橙色皮裤的支持者们被强迫脱掉衣服，只剩下内衣才能进入足球场。4年后在南非，36名年轻女性在把橙色短裙做成荷兰队服还是丹麦队服这一问题上展开对抗，这引起了媒体和联赛官员的关注，并造成更为严重的后果。这群人被赶出了球场，两名组织此次宣传活动的女性被逮捕，并以违反南非的《商标法》为由被起诉——一旦定罪，她们将面临最高6个月的监禁。同时，国际足联威胁说，将起诉巴伐利亚啤酒公司。在进退两难之际，巴伐利亚啤酒公司同意与国际足联调解，条件是那两名女性要被无罪释放，并且可以返回荷兰。国际足联撤销了所有的诉讼，而巴伐利亚公司则“在2022年年底之前都要完全尊重国际足联商业项目的一致性”。此次宣传活动还导致了独立电视公司足球评论员罗比·厄尔（Robbie Earle）被解雇，原因是他在分配球赛门票中作假。

● 那头名叫安娜普卡的驴登上了世界各地报纸的头版头条，原因是2010年7月商家为了推销海滩度假胜地的水上拖伞活动，把这头驴送到了俄罗斯南部亚速海的高空上。并录下其在高空时恐惧的样子以吸引人们的关注。尽管之后它马上被送到了墨西哥附近的动物庇护所，但还是于2011年初死于心脏衰竭。

窍门和教训

- 确保你的活动是合法的。
- 尊重其他人和动物。
- 引起关注还不够。任何活动都必须符合你的品牌和营销目标。
- 确保参与者和观众的安全是基本前提。
- 真诚和真实。
- 避免火车相撞——不管是字面上还是隐喻上的意思。

第六章

令人惋惜的品牌重塑

营销转型失败

嘴唇发出声响、口渴得到满足、美味得以品尝……布莱德饮料（Brad's Drink）。嗯？这就是布莱德·汉姆（Caleb Bradham）在19世纪90年代为其软饮料使用了5年的名字，之后便使用了活泼欢快的百事可乐为名。我想，我们都会认同重塑品牌是一个好主意吧。

在互联网上搜索信息的时候进行“背部摩擦”是不是很奇怪？是的，搜索巨头谷歌（google）最早就叫“背部摩擦”（BackRub），直到1997年拉里·佩奇（Larry Page）和谢尔盖·布林（Sergei Brin）为它想到了这个更好的名字。谷歌（Google）是由“天文数字”（googol）这个单词转变而来的——这个数学术语指的是在1之后紧跟着有100个0——意在表达公司具有组织大量网络信息的使命。于是，世界上最伟大的品牌之一就这样诞生了。

然而，重塑不一定需要重新命名品牌。有时它也可以是一个新的面貌、定位的改变或新鲜的广告语。例如，宝洁已经非常熟练地通过一系列幽默的商业广告来重新焕发其推出已久的香水品牌的活力，“你家的男人闻起来也可以是这个味儿”，广告开头邀请了演员以赛亚·穆斯塔法（Isaiah Mustafa）主演，并以“我在骏马上奔驰”的情节形成了互联网冲击。

重塑品牌是营销中最为困难的事情之一。成熟的重新命名活动或者重要的身份强化，例如修改的商标以及新的信息传递等，都存在对已有品牌进行变化时的巨大风险。如果品牌重塑是在商品地位不稳固的情况下进行的，那么竞争对手和批评者就会蜂拥而至地对品牌进行围剿；如果是强势而为，则会有让既存消费者远离舒适现状的风险。如果结果被混淆了或者改变的原因含糊不清，又或者与主要的利益相关者存在信仰方面的分歧，那么销售就会受到影响，公司就可能会陷入混乱，销售危机就会出现。

尾翼和品牌混乱——研究失误导致英国航空涂装错误

重塑品牌出现差错时，问题一下子就会变得很明显。对于这些差错，可能会出现一些抵制，也会有一些贬损。你可能要处理好事者对你所做的重塑品牌工作的猛烈抨击，并将其称为“糟糕至极”的事，用手帕将该品牌包裹起来，以表示它是令人生厌、不堪入目和最好被雪藏起来的东西。当挥舞着那条吹毛求疵手帕的人是你们国家的前领导人，她对你们崭新的品牌形象的轻蔑被电视摄像机抓拍到并在晚间新闻中播放出来的话，那你的品牌就陷入大麻烦之中了。

这正是英国航空公司（BA）在1997年所经历的场景。前首相玛格丽特·撒切尔（Margaret Thatcher）在保守党会议的一个展台上观看了英国航空公司在波音747飞机模型上使用的新涂装。英国国旗被从飞机的尾翼擦除，而改为了其他国家的一些具有民族特色的“乌托邦式”涂装，这引起了铁娘子的不满。改变涂装的目的是引荐一系列来自世界各地的民族艺术设计，也代表着该航空公司能够飞抵的世界各个地方。但这些对于这位前首相来说毫无意义。她小心地展开手帕，脸上浮现出夹杂着一丝狡黠而坚定的表情。当她就此表达观点并严厉斥责英国航空公司的代表时，她猛戳着手指以强调其观点，带着她那种为人熟知的不容辩驳的独断语气；这种语气贯穿了她的政治生涯，她经常用这种语气让政治对手毫无还击之力。她说：“我们要悬挂的是英国国旗，而不是你们放上去的这些糟透的东西。”这是一个罕见的景象，目睹了一个国家的形象受到另一个国家公开的斥责，这并不是什么好兆头。

英航是怎么想的呢？英航对其之前的涂装进行市场研究时发现，有些人觉得它表现出了英航的傲慢和超然。英国设计公司纽厄尔＆索莱尔公司［该公司后来被国际品牌集团（Inter brand）兼并］从1995年就开始与英航进行涂装设计的合作，新涂装的目的是使航空公司表现得更为全球化并充满关爱——资深客户告诉该机构他们想要看到英航的营运、品牌个性和企业行为。在新涂装发布时，设计师骄傲地宣传，新特性表达了英航作为一个世界公民的概念。简言之，如果你把航空公司想象成一个人，那么他们想让你看到的就是一个优雅、会多国语言、具有多元文化的名流；而且是那种遍游世界、稔熟世界伟大博物馆和美术馆的人物。这种印象由纽厄尔＆索莱尔公司所采用的设计方式得到了进一步的强调，该公司从所谓的“世界图景集”中选择飞机尾翼上的图片，表现的像是国际视觉艺术展的管理者。来自世界各地的画家、雕塑家、陶瓷艺术家、织布工、缝纫工、书法家以及纸艺术家，被邀请去创作一系列代表其所在地区的“令人激动的庆祝活动”。这是一种英国航空公司自己的艺术双年展。是在自命不凡吗？有那么一点。

显而易见，英航的确对这个提议动心了。但为了国际化元素而淡化其本身的“英国属性”在某种程度上来说对英航这个品牌造成了负面影响。英航一下子弱化了它精心培育起来的品牌财富。然而，虽然研究表明英航也许可以国际化，但是其品牌中最为珍贵的属性，即与其祖国的紧密联系，也是其国家的典范。绝非只有撒切尔夫人一人对新涂装持有否定的观点，一些航空管制员也抱怨尾翼的混合设计使得他们更难识别出英航的飞机。

有时候，品牌重塑失败最有说服力的证据是其竞争对手的成功。理查德·布兰森（Richard Branson）爵士的竞争对手维珍大西洋航空公司几乎不相信自己如此幸运，并抓住了这个绝佳机会。20世纪90年代，英国这两家航空公司的竞争关系激烈。1993年，维珍起诉英航诽谤，并声称英航在发动“阴谋诡计”。英航花了350万英镑达成庭外和解。当英国航空公司花了6000万制作的新形象受到越来越多的批评的同时，维珍却借助其机翼上英国国旗的设计占尽便宜，他们在机身前部重新设计了红衣女士的标记，这个女孩手中拿着一面英国国旗。虽然在竞争中除了品牌塑造外也有其他一些主要因素会产生影响，但是维珍的利润确实在上涨，而英航1999年相比于1998年公布的税前利润急剧下降了61%。撤下国旗涂装越来越像是英航的错误举动。

1999年，英国维珍大西洋航空公司把竞争推动到更高的层面，他们推出了“新飞机涂装和千年企业形象”，以在其25架飞机的尾翼都印上英国国旗为特色，布兰森乐观地宣称他的航空公司成了英国国旗的运载机。然而，却有人要抢他们的风头，就在这一活动的前夜，英航透露要对自己的品牌做一些改变。这是一场令人尴尬的逆转，英航透露，它将放弃民族符号的涂装，让国旗重新飘扬在飞机尾部。英航首席执行官鲍勃·艾林（Bob Ayling）告诉英国广播公司："这正是我们的客户想要的。事情就是那么简单。英国人想要的是可以将其文化反映出来的飞机形象。"

英航是如何酿成如此重大的品牌重塑失败的呢？毫无疑问，部分原因在于它的市场研究，它向错误的人问了错误的问题，过于关注其海外市场而不是其核心的英国客户。英国乘客是最忠实的客户，照顾了他们将近一半的生意。英航为了调研的片面结果放弃了其品牌中的国家属性，对其品牌有百害而无一利。泛国际主义有可能反映了其全球的航线网络的需求，但并不能代表其所在地英国的国内需求。鉴于英航的失败，使用"乌托邦"这个词来描述这次品牌重塑现在显得非常讽刺。当托马斯·莫尔（Thomas More）爵士创造出"乌托邦"这个词，并将它用作其16世纪的一本著作（关于一座虚构的小岛上的社会）的书名时，他是故意从希腊语词根中创建这个单词的，因为这种方式可以让他讽刺地说些俏皮话，但"乌托邦"通常被认为是一个理想的地方，莫尔也旨在表明根本就不存在这样的地方。英航品牌那几年追求的就是类似于"乌托邦"的虚无目标，它没有呈现出英国后帝国时期多元文化振奋人心的面貌，而是提供了被许多人感觉是毫无意义的涂鸦。

日航仙鹤的重生——鹤丸回归带来的安慰

英航绝不是唯一被迫在重塑商标这件事上犯错的航空公司。孟加拉航空公司（Biman Bangladesh Airlines）可能是以最快速度逆转品牌形象的纪录保持者。这家国有航空公司在2010年2月公布了一个新的形象。但是，孟加拉国政府不喜欢这个新形象，并命令该航空公司在两个月内恢复之前的品牌形象。

相比之下，日本航空公司（Japanese Airlines）的行为更加缺乏深思熟虑。2002年，日航宣布取消其20世纪50年代末开始使用的著名的红鹤标志。这在日本掀起了一波强烈的抗议，鹤在日本被尊崇为和平、长寿和好运的象征。但是，航空公司却花了6年时间逐步淘汰它。日本广播公司甚至还在2008年的新闻简报中介绍了这只鹤的最后一次飞行。

取而代之的涂装是，飞机尾翼被漆成红色，白色机身上印有黑色的日航字母简称JAL。但字母A和L并不是简单地被平分为两部分，而是在字母A的位置上出现一个由红色和灰色组成的垂直向上的符号。似乎想模仿其他几个品牌标识，试图复制耐克在其向上的标志中所表达的活力，但此举却显得无趣、没有个性又不被喜爱。这导致公司受到财务问题的困扰，并于2010年申请了破产保护。在经历一段时间的重组后，日航摆脱了破产保护，并且将“鹤丸”重新迎回。2011年，在宣布死亡近10年之后，这只鹤重生了，并且只是稍微调整了下它的羽毛。这引领了日航的强势回归。

“当我们有了创新精神时，我们决心重新采用这个标志以示回归初心，”日航总裁尾西健（Masaru Onishi）在东京告诉记者，“我们想要创建一个再生的日航。”普通的品牌不可能从那样的创新中获得帮助。为了重塑“鹤丸”品牌知名度，日航抛弃了这个毫无新意的方案。

我不喜欢星期一——普华永道曾有过更美好的日子

告诉我为什么……会有人将专业服务咨询公司的品牌重塑为“星期一”这样的名字？这正是普华永道（PwC）这个会计行业巨头在2002年由品牌咨询公司沃尔夫·奥林斯（Wolff Olins）为其咨询业务所起的新名字。此次品牌重塑的成本约7500万英镑。这是一个相当高的品牌重塑预算。但问题在于，当普华永道员工知道这个新名字的时候——这是星期一，“那还有其他什么时候吗？”——许多人都努力地忍住不笑出来。电话总机在星期二到星期五接电话时问候——“你好，这里是星期一”之后闹出的笑话轮番出现。随着这个荒谬的新名字的出现，也诞生了一些可怕的企业定位：“削尖你的铅笔、熨烫你皱起的白衬衫、设定闹钟、期待挑战、倾听、得到满足、产生影响、承担风险。”噢，我的天！我将削好我的铅笔，并用它作为武器保护自己免受这种恐惧吗?

普华永道咨询部门的总裁兼首席执行官格雷格·布伦尼曼（Greg Brenneman），将这个品牌描述为：“一个真正的词，简洁、可辨识、全球化，并且特别适合于一家以努力工作获取成果的公司。”而差不多与此同时，普华永道的工作人员在办公室里告诉记者，此次品牌重塑是多么让他们难以置信。

当外界觉得某个品牌重塑没有品位或是荒谬的时候，这已经是糟糕透顶了。但是，当组织内部的很多人都认为新的形象不合适和可笑的时候，品牌重塑就完全失去了意义。人们常说，伟大的品牌都是由内而外地建立的。它们反映了组织的价值观，具有向心力，因为它们对员工和客户两方面负责。但是对于所有的企业，特别是对于专业服务公司来说，最重要的品牌推广和宣传都是由其最忠实的倡导者——员工来进行的。通常情况下，这是一件非常好的事。但是，当员工突然发现自己工作的公司是以一周最糟糕的一天来命名的话，他们就会感到困惑，那推广和宣传作用就无从谈起了。

这次品牌重塑的原因和理由方面的细节可以在introducingmonday.com的网站上找到。要么是出于疏忽，要么是过度节俭，普华永道忽视了购买introducingmonday的域名版权，这其实只有微不足道的10英镑。而在线喜剧集体B3ta的联合创始人罗布·曼纽尔（Rob Manuel）的一个朋友却买下了它，并为该网站创造了一个荒唐的动漫形象，把两根手指（他自己的）卡在新的标识上，还有一头跟着儿歌活蹦乱跳的驴，但不可否认的是歌词又朗朗上口："我们拥有你的名字，啦啦啦。"他甚至有智慧地卖出了一些讽刺商品，大约100个颠覆性的驴子马克杯——大部分卖给了普华永道的工作人员。曼纽尔回忆说：

"我很谨慎，没有在这些东西上面打上'星期一'的商标，因为害怕招致任何诉讼。他们只是些驴子的照片以及'我们拥有你的名字，啦啦啦'这句话。普华永道不是一个像可口可乐那样的品牌：它可能会有那样的营业额，但它不是那种一直在人们面前出现的品牌。所以，会给人一种'你是谁？我们不关心，走开'的感觉。我只是刚开始做这件事，但不知为何我的嘲讽就引起了注意，并成了最典型的注解。尽管人们告诉我，我的手指丑陋而邪恶，这话我不怎么喜欢听，但这确实挺有意思的。"

这个可笑的品牌重塑是短命的，这是不幸之中的万幸。品牌发布之后不到两个月，该业务就被IBM收购了，IBM立即取消了"星期一”这个名字。星期一是不会被人想念的。星期一这个品牌让人充满着令人沮丧的生活气息来工作，而不是以工作来满足生活。普华永道不妨选择“再见周末”这样的名字，或许更加精简有力。

经过调查，普华永道花了350万英镑从一家名为“一个星期一”的公司购得这个名称。根据协议，一个星期一——一家具有许多公共关系和营销业务的上市控股公司——要在6个月之内重塑自己的品牌。2002年6月该协议签署的时候，一个星期一的财务总监大卫·杜赫斯（David Dewhurst）说，公司并不确定将如何使用这笔意外之财，但他补充道：“我们不会把钱花在重塑品牌上，因为我们自己能够完成这件事。”到了2002年11月，一个星期一更名为“下一个成名15分钟”的时候，普华永道的“星期一”已经消失了。虽然据说该企业已经购得了大家熟悉的“成名15分钟”理论提出者安迪·沃霍尔（Andy Warhol）的应用许可。也许它能够协商出一种方式不履行合同义务而保留一个“星期一”的名字。但它现在有了一个比之前更好的、更合适的企业品牌。但愿星期一总是可以这么快地过去。

Syfy的意义——嘲弄变成了钦佩

2009年7月，当科幻小说频道重塑品牌为Syfy时，不乏嘲笑的声音。它不应该被读成“siffy”这个单词的发音吗？如果是这样，它指的是性病吗？除了嘲笑，实际上是有一些明智的战略思维在起作用。“科幻小说”在定义上是一个通用的术语，这使得有线电视频道很难保护其所生产的品牌商品的商标。互联网上大量的科幻小说素材也意味着旧品牌不是很容易就能被搜索到的。此外，该频道将输出范围扩展到“基于想象的娱乐”，播出了更多不是纯粹科幻的节目。通过选定Syfy这一品牌——与之前的名字同音异词——美国全国广播公司（NBC）环球频道拥有足够的连续性来安抚铁杆粉丝，而新的拼写同时也为多样化的输出提供了更大的回旋余地。

2009年下半年，重塑品牌的频道比其以往17年历史上的任何时候都吸引了更多观众，包括越来越多的女性观众。该频道的重塑如此成功，以至于其背后的两名高级营销人员都得到了晋升，并且节目也推向了国际化。大多数重塑都至少会有一些负面反馈。但这个案例表明，开始时的一些嘲笑并不足以扼杀这种类型的变化。

从黑水到Xe再到Academi

为了掩盖以前的坏印象而制造一个新名字，这是一种难以达成目的的伎俩，就像黑水保全公司的名声在2009年重新命名为Xe服务公司时一样。

2004年，这家私人保安公司的四位订约人遭到伏击并被费卢杰（伊拉克城市）的叛乱分子屠杀，这件事引起了世界广泛关注。这场冲突令人难忘的一个情景便是，两名安保人员被肢解的尸体被吊在横跨幼发拉底河的一座桥上。这个令人震惊的事件引发了社会的问责以及私人保安公司广泛参与该地区事务的问题，而黑水公司本身就象征着美国以雇佣军来承担之前一直由军队来完成的任务。2005年，死者家属对黑水公司发起了一个非正常死亡诉讼，这场诉讼持续了多年，直到2012年庭外和解。

2007年9月，事情变得更加糟糕了。在如今被称为尼索（Nisour）广场屠杀的事件中，黑水安保人员向伊拉克平民开火，造成17人死亡，引发了美伊两国愤怒和紧张的关系。伊拉克政府剥夺了该公司在本国的营业执照。之后，该公司进行了业务重组，并在2009年重塑成Xe的品牌，第二年，公司备受争议的创始人前海豹突击队成员埃里·克普林斯离开了公司，他把股份卖给了投资者财团美国关税委员会的控股公司，随后在中东创立了一家新的安全公司。

Xe被选为黑水公司的新品牌名称，正是因为它没有特殊的含义。但是，尽管品牌是中性的，且企业所有权也发生了改变，但是其颇具争议的过去意味着Xe永远都会被称作“前身是黑水公司”。2011年12月，该公司的品牌名称再次发生了变化。新总裁兼首席执行官泰德·赖特（Ted Wright）说：Akademi这个名字代表了重新聚焦于培训和安全服务的战略，并称其灵感来自于公元前3世纪柏拉图的阿卡德米（Akademia），那个时代既能诞生最好的思想家，也能出现最好的战士。

也许在艰难且无情的私人保全业务中，定期的品牌消亡伴随着的是领土问题。尽管该公司尽了最大努力与其过去撇清关系，但“前身是黑水公司”这个标签都会继续贴在Akademi的身上，就像它抓住Xe不放一样。虽然新公司已经是在全球执行了6万个私人安保任务的公司，看上去已经完成了隐姓埋名的工作，但也无法完全隐瞒，媒体新闻报道和反暴力团体活动不断地将该公司与其之前的名称相联系。重塑品牌可以达成许多目标，但它永远也不能把公司伪装起来。

纯果乐的销售下滑

品牌确实需要与时俱进。消费者的偏好在改变，包装或标志设计可能会变得过时，曾经的创新点可能逐渐会被认为是乏味和与社会脱节的。因此，品牌经理偶尔也需要权衡一下是否需要更新以及何时、如何进行更新。这是快速消费品（FMCG）部门长期关心的问题，产品需要在超市过道匆忙的环境中瞬间抓住顾客的注意力。根据国际终端营销协会（POPAI）的研究，消费者购物的计划性降低了，越来越倾向于到货架旁才决定买什么东西。POPAI 2012年的顾客参与度研究表明，顾客在商店内现场进行购买决策的比率为76%，达到了历史最高纪录。快速消费品品牌的难题是如何吸引购物者流盼的目光。熟悉程度对品牌非常重要，但是更新品牌形象也会对其脱颖而出有所帮助，它能改变人们对产品的看法并引起人们的兴趣。

纯果乐是百事公司旗下的果汁品牌，该品牌认定要做一些改变来追上后者的发展进程。它要求代理商阿奈尔集团（Arnell Group）改革纯果乐优质产品的包装，在营销活动中发布新包装，满怀希望地振兴其鲜榨果汁类业务。业界最耀眼也最具争议、最名不副实的人物之一阿奈尔集团的董事长彼得·阿奈尔（Peter Arnell）声称，用了5个月的时间使其包装发生了戏剧性的变化。于是，聪明简单而又能被即刻认出的吸管穿透橙子的纯果乐形象被弃用了。取而代之的是毫无特点的挤压形式的包装，就像一般超市自有商标的产品那样。所有的生命力和鲜明特征仿佛也已经从品牌中被挤压出去了。

2009年1月，当重新包装的产品问世时，受到了来自设计界的抨击以及顾客的责备，他们发现在商店里此包装的辨识度很低，新外观缺乏个性。要是提前对顾客进行仔细调研，该包装就根本不会问世。外观改善是一方面，但这就像整形手术发生了可怕而滑稽的错误一样，结果是莫名而混乱的，过去的优秀包装只能在回忆中被时而想起了。通常，得到营销支持的品牌重塑会带来销售的高峰，但是在纯果乐的案例中却发生了相反的事情。在凝视商店冰柜的时候，许多顾客不再能轻易地辨认出纯果乐这个品牌，转而购买了竞争对手的产品。销售数据出来后，他们吓了一跳。根据信息资源公司的资料，从1月1日至2月22日，单品销量下降了20%，销售价格下降了19%，相当于3300万美元的收入损失，其中很多都是被竞争对手品牌美汁源、佛州鲜然和成熟果树给抢走了。此次重塑绝对是一场灾难。纯果乐做了一件明智的事，又重新用回了原来的包装。

品牌所有者需要欣赏并保护他们品牌的特别之处，尊重和理解消费者。在纯果乐方面，百事公司拥有世界上领先的果汁品牌生产商，其背景可以追溯到半个世纪之前。将纯果乐外包装改变却导致其销售额和品牌形象受损，这体现了百事可乐几十年来在所培育的子品牌价值方面给予了巨大的自由度。但它对纯果乐品牌的真实价值真的应该有一个更为清晰的理解。毕竟，当百事可乐1998年从加拿大饮料公司施格兰（Seagram）手中购买纯果乐业务时，可是花了33亿美元的大价钱。

情况也许是，纯果乐团队迷恋上了古怪而又强硬的设计大师彼得·阿奈尔（Peter Arnell）。这位奇怪的大师拥有1600副眼镜，而且每天能吃下20颗橙子。开个玩笑，他们选择阿奈尔为设计师从而导致此次重塑品牌失败的原因可能是其对橙子的疯狂热爱吧。不幸的是，不到两年，颇具传奇色彩的阿奈尔就不再被视为运营其所创立机构的正确人选。2001年买下阿奈尔集团的营销服务集团宏盟公司（Omnicom）于2011年2月解雇了这名古怪的创始人，并迅速任命其妻子莎拉（Sara）为新的首席执行官——阿奈尔的故事真是一波三折！除了表现出一些令人疑虑的品牌重塑判断之外，彼得·阿奈尔也为自己赢取了难以相处的老板这样的名声。被解雇几天之后，阿奈尔起诉宏盟公司赔付其100万美元，并试图要公司将他所搜集的古籍珍本的图书馆归还给他，而这个图书馆一部分是用公司的钱建立起来的。2012年，该诉讼得以和解。阿奈尔是那种杰出而又自负的人，其大名在广告界如雷贯耳。他一直是一些伟大工作的幕后高手，但在纯果乐品牌重塑方面，他并没有考虑产品自身的特性，这也证明了一点：伟大的品牌是一个强大而又脆弱的东西，它需要得到一贯性的维护。产品新外观能够吸引消费者的注意，然而，如果处理不好的话，就会失去这些消费者。

盖璞（Gap）回来了，彭尼百货（JC Penney）不断在变化

2010年下半年，服装零售商盖璞（Gap）在线上发布了一款新商标，这绝对是一个经典案例。单是在Gap公司的脸书页面上，就有关于品牌重塑的2000多条评论，许多人要求这家零售商坚持其已经使用了20多年的传统商标：一个内含白色“Gap”字母的蓝色方块。新标志所引发的近乎普遍的负面呼声是，劝说Gap在一周内改变主意，而不是冒着客户可能疏远的风险推出新设计。“所有道路都指引我们回到蓝色方块的设计上去。”Gap北美总裁马尔卡·汉森（Marka Hansen）说道。

对于那些热衷于发现品牌推广新途径的营销人员来说，这种负面反馈是非常令人沮丧的。Gap并不是要愚蠢地放弃其品牌遗产。新标志向旧标志表达了敬意，在标志背景的右边是一小块蓝色的方形，其中一部分置于字母“p”的后面。然而，这种演变让该品牌的粉丝非常厌烦，因为它未能提供比之前的商标更强大或更有趣的东西。消费者很自然地抗拒这一改变，所以当你要做出改变时，需要给出人们爱它的一个理由。

当新商标很明显不受欢迎的时候，Gap至少果断地做出了回应，

而百货公司彭尼百货（JC Penney）在2011年和之后的2012年两次改变其商标时，发出的却是令人非常困惑的信息。仅仅在3年之内就使用了3种完全不同的商标，这表明企业一直在努力地要明确自己的身份，却从来没有想过要向客户有力传达的是什么内容。的确，反复地重塑品牌表现出来的事实就是，彭尼百货一直都在努力应付许多重要的营销问题，这些问题我会在其他章节做详细分析。在很短的时间内频繁地进行品牌重塑的企业，通常结果都不会很好。如果你想要有一个支持该理论的证明的话，那就是：彭尼百货2012财政年度净亏损了9亿8500万美元。

网飞公司及其新公司Qwikster的瓦解

2010年底，里德·哈斯廷斯（Reed Hastings）被评为《财富》杂志的年度人物。几个月之后，作为硅谷精英之一，他与史蒂夫·乔布斯（Steve Jobs）和马克·扎克伯格（Mark Zuckerberg）一起同美国总统巴拉克·奥巴马（Barack Obama）共赴晚宴。但没多久，他的企业决策就由于怂恿客户服务和重塑品牌的噩梦而在“周六夜现场”的栏目上遭受嘲笑。

1997年，哈斯廷斯联合创立了互联网电影租赁公司Netflix，即网飞公司，并以更加传统的播放器如百视达（Blockbuster）获得了几十亿美元的惊人的财富增长。网飞公司是围绕邮寄DVD光碟的支柱业务而建立的，但是更快的宽带网的出现使哈斯廷斯相信，企业未来的增长将由流媒体电影和其他在网上提供给用户的内容所推动。

2011年夏天，网飞公司给了其美国客户一个令人不快的意外，即宣布由于合并邮寄服务和流媒体服务而将价格提升60%，从每月的9.99美元增加至15.98美元，此外，客户需每月另付7.99美元。投资者和客户都对突如其来的大幅提价反应消极。随后，哈斯廷斯又给了那些由于涨价而伤心的人们第二个意外，即DVD业务从网飞公司中被分离出来，并被赋予了一个独立的品牌名称Qwikster。这种重建远非改变名称这么简单——它将会给到目前为止一直使用这两方面服务的1000多位顾客带来极大的不便。突然之间，这些客户需要使用独立的、不相关的网站，并且要有两个独立的结算账户。这种不必要的过度复杂化使得客户服务倒退了一大步，并引发了另一波巨大的抱怨。而且，似乎也没有人更加喜欢Qwikster这个名字。

所有这一切似乎还不算太糟，但是当网飞公司并未提前采取措施来获取@Qwikster的推特用户名时，那种认为这一举动一直就没有被很好考虑的印象就更加强烈了。那个账户已经在一个名叫杰森·卡斯蒂略（Jason Castillo）的年轻人手中了，媒体报道了这件事情后，他很高兴被称作“满嘴脏话的瘾君子”。卡斯蒂略在其推特上爱说脏话，还提到吸毒，并且用吸食大麻的布偶Elmo的头像照片来装饰其推特账户。网飞公司发布Qwikster这个公司名称时，卡斯蒂略的账户已经休眠了大概一个月，这时候大量的追随者让他认识到自己可能突然拥有了一个有价值的推特账户。随后，卡斯蒂略在推特上描述了好运让他做了一笔交易而且赚的钱“都能开银行了”的故事，并写下了一系列感言。网飞公司不可能想以这种形象来代言其新品牌。用提高价格引起客户反感，并且不容分说地推出Qwikster品牌，现在看上去这很是无知。这不但令人尴尬，而且在财务上也是有害的，公司正在失去顾客。

就在新品牌发布三周之后的2011年10月初，网飞公司废弃了Qwikster。“顾客重视网飞公司一直提倡的简洁，我们尊重这一点，”

哈斯廷斯悔痛地说，“走得快（这是网飞公司多年来所做到的）和走得太快（这也是该案例中我们所做的）之间是有区别的。”如果有什么不同的话，当月末网飞公司报告其财务业绩时，哈斯廷斯更为后悔不已。公司在前一季度丢失了80万用户，近乎其客户总量的3.5%，这也是多年来公司美国客户的第一次下降而不是增长。哈斯廷斯告诉《华尔街日报》说：“我们已经损害了辛苦挣来的声誉，并让在国内的业务增长停滞。”投资者不开心了。新闻报道称，网飞公司的股票下跌了37%，每股只有75美元多一点。4个月之前，网飞公司还没有给自己惹这么大麻烦的时候，其股票价值几乎是现在的4倍。在保护Qwikster方面已经没什么好说的了。除非“迅速”将其剔除。

一级灾难——英国邮政是如何成为历史的

与Qwikster的鲁莽诞生不同，2001年英国邮政集团似乎不遗余力地将品牌重塑为英国邮政康塞尼亚（Consignia），这是一个智慧而彻底的过程。然而，这经常被认为是历史上最大的企业品牌灾难之一。Consignia的品牌演变是一个令人着迷的故事；它的消亡更是如此。因为该品牌是只替罪羊，在痛苦的组织变革中，集团为了权宜之计而公开将这个新生品牌摒弃。

在新世纪前期，邮政集团花了很长时间努力观察其业务的日益多元化、复杂的特性及其所面临的挑战，即从在英国提供具有成本效益的交付服务到日益增长的国际竞争的威胁。他们请品牌咨询方“龙”公司对企业战略、市场研究和营销策略进行了全面回顾，以探讨未来5～10年将会有哪些因素影响这些方面。咨询公司在集团层面进行了几十次单独的管理访谈，对象是关键业务中的高管，这些业务单位包括皇家邮政、邮柜、英国邮政和SSL公司，而SSL负责电视牌照的许可。随后，他们又在英国的主要地区对更具代表性的集团中的各层级员工进行了访谈。

“龙”公司的团队负责人基思·威尔斯（Keith Wells）说：“接着，我们将这一研究扩展到不同市场的客户群中，包括欧洲、美国和亚洲。”“为了了解政府的观点，我甚至采访了一些国会议员。”这些工作要花费几个月的时间来完成，在威尔斯被告知一项被称为“为竞争成功而塑造”（SCS）的新项目时，该访谈工作正在按计划进行。

欧洲放松管制的政策给邮政集团带来了风险，也提供了机会。“龙”公司将工作进行了调整，以在SCS任务下适应计划中的主要组织变革。多年来，邮政的私有化一直都是棘手的问题。没有政府想要推动它，因为担心它可能会激起论战和罢工行动。不过，日益激烈的竞争正在推开这些障碍以促进改变。邮政集团制订了一系列计划，将其商业地位从政府机构转换至公共有限公司（PLC），政府最初会在公共有限公司中拥有全部股份。SCS项目承担了集团之下四种业务的既有运营结构，将自身转变为多元业务部门之一，并进一步分拆为面向市场的业务部门和服务交付部门。“这些会将现有品牌混合起来使用，无论哪一种情况都可能是最佳方式，”威尔斯回忆说，“再加上集团在国外投资或收购企业的自由，我想在与他们合作的时候，他们制作了15个新品牌，你可以看到一个复杂的集团是如何演变的。”

在新的结构下，主要客户关系将会在高层面上得以管理和发展，并且跨越国界，这使得将集团定位为“集成分销公司”很有意义。从逻辑上看，下一步应该是通过单一品牌名称（如DHL、TNT、FedEx）来表现，否则客户将面临着一大堆名字和联系部门。

“龙”公司以已经在使用的名字为开始，但发现每一个名字都有着严重的缺点。邮政被认为已经过时了，无法覆盖全方位的现代服务；皇家邮政的业界声誉不好，不是那种客户能指望建立咨询关系的组织；英国邮政从其他业务中获得了交叉补贴，但并不能扩展到其他市场。还有一些比较实际的问题，比如在集团所瞄准的名字中，有些名字已经被其他邮政管理部门注册过并在使用了。由于更深层的原因，皇家邮政这个名字在这个阶段也被认为是没有什么希望的。“在那些皇室家族生存并受到珍视的国家，任何试图扮演‘皇室’的行为都会引起很大的担忧，”威尔斯说，“想一想，如果荷兰人、泰国人或丹麦人在这里建立名为‘皇家’的公司，英国媒体和民众将会如何反应。”

“龙”公司为了寻求一个合适的名字奋力前行，并将备选名称缩减至12个，而其中进入最终角逐的3个名字被拿来在8000人的调研样本中进行国际化定量研究。为了确保结果准确，调研进行了两次。正是在这样的调研中，Consignia成为最终的胜出者。威尔斯喜欢这个名字出于几方面原因，其中一个原因在于，这个单词中前半部分Consign在字典里的定义是：寄托。

在品牌重塑开始生效的3年前，这个名字就已经被注册了，因为变革的速度原本就比较缓慢。SCS项目大规模的重组无法在一夜之间完成，托尼·布莱尔（Tony Blair）的工党政府对民意非常敏感，这也花费了大量时间。鉴于品牌重组影响了负责“皇家”邮政的组织，白金汉宫方面也受到征询。2000年1月，贸易和工业部长斯蒂芬·拜尔斯（Stephen Byers）披露了邮政服务法案，使得该组织成为公众公司，并述及邮局现代化的必要性。“它已经为国家服务了350多年，但现在需要改变，以便它可以有效地参与竞争。”拜尔斯当时如是说。近乎1年后，2001年1月9日，邮政集团在转为国有公司时透露，它将把公司名称改为皇家邮政（Consignia）。公司也透露已经花费5亿英镑用于国际收购。

消息发布时，邮政的CEO约翰·罗伯茨（John Roberts）表示，Consignia的名字“主要用于我们公司在金融服务、电信、家庭购物、公用事业和广告营销部门的客户，这些方面在75亿英镑的年营业额中总共贡献了近1/3”。这些消息得到了BBC新闻的报道。当天晚些时候，BBC晚间新闻简报中调查民众之声的一位记者，站在邮政一家分公司门口询问一些老妇人“走进Consignia”的感受。其他媒体也发表了一系列文章，其中有些还是对品牌重塑性质的错误报道，意思是在商业街道上将会看到这个重要的公司新商标。

回想起来，威尔斯感到遗憾的是，在弄清楚羽翼未丰的品牌的情况方面做得还不充分。“永远不要以为人们已经‘理解’了，即使在调研时他们告诉你确实理解时也是这样，”他建议，“现在我做事的不同之处是，确保找出每一例不准确的报告并对其予以纠正。”

暗中跟踪关键客户和其他目标受众的数据表明，超过90%的人理解了新名字并表示强烈认同，这与媒体所报道的对于品牌的抨击形成鲜明对比。Consignia的品牌似乎是与其主要目标受众相联系的，并且几乎就要成功了，但其财务绩效是该公司历史上最糟糕的。为了遏制一年10亿多英镑的损失，2001年12月，Consignia宣布将要解雇多达3万名员工。工会非常愤怒，并威胁该公司将举行罢工行动。曾经参与扭转超市集团ASDA困境并将其以67亿英镑卖给美国大企业沃尔玛的艾伦·莱顿（Allan Leighton），被政府部门在2002年初请来担任主席，其目的就是阻止损失。他在与大卫·弗罗斯特（David Frost）的电视访谈中透露，其首先要采取的行动之一就是砍掉Consignia这个品牌，其理由是出于信誉而不是商业方面的考虑。在对莱顿的访谈之后，再次迸发出对这个名字的公开批评。不久，集团官方公布废弃Consignia这个品牌以支撑皇家邮政，因为组织需要瘦身并再次聚焦于核心活动。

从未有人细细品味莱顿的话，考虑到该集团有几个世纪的积淀并可以利用其著名的既存品牌，他至今仍然固执地认为重塑品牌为Consignia是一个“愚蠢的名称”。引人注目的是，作为彻底的平民主义者和实用主义者，莱顿完全明白，通过消灭一个与历史上可怕时刻有关的可笑品牌，他可以突出其在集团中的权威和决断力。作为一位有活力的摒弃Consignia这一品牌的新上任者，他可以将自己从导致糟糕的财务情况的管理体制中脱离出来，这些情况包括监督令人痛苦的大规模裁员、关闭分支机构以及抛售非核心业务。

“转变成皇家邮政赋予了品牌意义，但也帮助我展现出‘事情正在变化’，已经与过去不同，糟糕的决策得到了扭转。我也想表明一种转变：新领导不会躲避艰难的决定。当形势所需时，应对的速度会很快。我们不会像过去那样花费几个月的时间来做事。”

艾伦·莱顿，皇家邮政前非执行主席

因此，Consignia这一品牌来来去去花费了190万英镑，并被作为浪费和无能的典型案例而一直受到各方面的嘲弄。然而，应该指出的是，即便集团组织无法摆脱邮政局这样的名称，为了在一大堆文具和文件的名称上增加公共有限公司（PLC）这样的字眼以符合“公司法”的规定，也要在该地区付出150万英镑的成本。具有讽刺意味的是，如果威尔斯和团队其他成员不太注意可能的浪费问题，那么新品牌估计会更早出现，并且会有更好的生存机会。但人们一致认为，当你在开始时致力于一系列变化，而后当新的商业地位确立时又转而开始另外一系列变化，这是很疯狂的事情。

“回想起来，我们或许已经建议在不涉及商业状态变化的情况下再推出新的名称。那样的话，企业会有3年时间进行业务的自我建设，组织看起来也会表现不错，至少起步还不错。鉴于其下滑的业绩，人们可能就会不停地问‘Consignia出什么问题了？’而不是说‘所有的问题都是因为他们改变了名字’。但那是后见之明，我仍然相信，商业变化与品牌变化联系在一起是正确的。”

基思·威尔斯，“龙”公司品牌总监

威尔斯对于重塑品牌为Consignia并又愚蠢而懒散地将其抛弃的做法感到不满，这是可以理解的。这项工作陷入了消息不灵通的偏见所形成的混乱之中，并被对集团绩效失望的混乱状态所吞没。没有什么品牌可以掩盖对能短暂拥有Consignia商标这样的集团产生影响的严重问题。没有什么品牌能在更为强大的力量的作用下维持下去。我认为，Consignia不是一个太好的品牌名称。但是，它是符合发展目标的，不应当背负那么多骂名。老实说，它比埃森哲、诺华、帝亚吉欧、亿滋或是这方面许多其他公司的品牌更糟糕吗？

需要重塑吗？

● 海豚罐装金枪鱼品牌在埃及得以大力宣传，该商标上有一个标志性的海豚微笑的图片。考虑到多年来被金枪鱼所捕杀的海豚数量，中东的一些消费者不清楚该品牌名称是如何选定的。

● 2013年初，英国三明治连锁店百特文治（Pret a Manger）推出自己的品牌圣母玛利亚薯片，这是一款五香番茄味的产品，但其名称却是影射“血腥玛丽”鸡尾酒不含酒精的版本。在消费者和宗教团体的投诉下，几天后连锁店便将产品下架，将未售出的产品捐给无家可归的人。

● 日本健康饮品Pocari Sweat在国内市场很受欢迎，但是如果它要试图打开英国市场，那么改变名称就很可能使其受益。另一个日本饮料Calpis在日本以外的名称是Calpico，这样多少会避免一些不愉快。

窍门和教训

● 在改变过去运用良好的名称、商标或品牌形象方面要三思而后行。

● 成立专项小组挑出在早期规划阶段可能没被发现的一切问题。

● 确保新品牌身份是相关的、有意义的，能利用已建立起来的有用的品牌资产，并保持新鲜。

● 在获得必要的网站域名和掌控社交媒体之前不要进行品牌重塑。

● 要一直把员工、客户和其他利益相关者记在心里。品牌重塑将如何使他们受益呢？

● 时机至关重要。在你的产品、服务或公司品牌出现负面新闻时进行品牌重塑，可能会被视为一个幌子。

● 记住，对于品牌而言，出现在产品、广告或网站上的不仅仅是一个名称。品牌重塑在性质上是否足够灵活并在所有关键点上与工作匹配？

第七章

07 Chapter

你会相信吗 当虚假、歪曲和欺骗真相大白时

并不是所有的事情都如最开始时所呈现的那样。20世纪30年代和40年代，臭名昭著的荷兰艺术品造假者汉·范·梅格伦（Han Van Meegeren）在油画上使用胶木硬化油，让油画呈现出一种年代久远的假象，从而冒充弗兰斯·哈尔斯（Frans Hals）和约翰内斯·维米尔（Johannes Vermeer）这类大师的作品。今天，伪造者们使用数字技术，通过润化模特的面部轮廓线条，或是重新构造他们的身材比例，使这些模特看上去更年轻、更苗条。对于营销人员来说，伪造的东西有一种难以阻挡的诱惑。PS技术和其他数码技术使得图片的修饰、改进、扭曲相对容易，而这在之前是很难想象的。在界定广告形象公平性和真实性的边界方面是有争议的。有时候，即使明确了边界，营销人员也会越过界限，这并非什么隐秘的事情。

偶尔，人们也会在没得到品牌所有者允许或明确同意的情况下越过界限。经常发生的情况是，由创意团队制作的虚假广告或是未经批准的病毒式广告表面上是为了促销品牌，其实际目的是为了增加自己

的利益，如提高收益、获取奖励、稳定新的业务市场。如果这些创意团队在不道德或不称职的情况下表现得很糟糕，将对品牌不利的内容传播给了更多的受众，那么品牌所有者可能就会陷入令人不快的混乱状态。不过，在我们开始指责和追究责任之前，还是先来讨论下美妆行业以及这个行业的惯用伎俩吧。

美丽与诡计——欧莱雅、迪奥和宝洁粉饰得太多

这里有一件广告轶事。茱莉亚·罗伯茨（Julia Roberts）、崔姬（Twiggy）、瑞秋·微兹（Rachel Weisz）、克里斯·特林顿（Christy Turlington）、佩内洛普·克鲁兹（Penelope Cruz）和娜塔莉·波特曼（Natalie Portman）有什么共同之处呢？近年来，这6位性感女星都为彩妆品牌拍过特写，这些彩妆品牌被英国广告监督机构广告标准管理局（ASA）所禁止，因为这些广告都进行了不同方式的修饰。《星球大战》女演员波特曼代言克里斯汀·迪奥（Christian Dior）的睫毛膏广告，这款睫毛膏在2012年10月受到ASA的谴责，因为这位好莱坞大腕的睫毛广告在摄制前已经被修饰过。迪奥承认，波特曼的睫毛在长度上的确做了“最小的修饰”并更加弯翘，但是消费者通过使用这些产品也可以达到同样的效果。然而，ASA驳回了迪奥的观点，并以其具有误导性为由反对该广告。监管机构认为：“没有足够的证据表明，广告中波特曼的睫毛在后期制作修饰过程中没有夸大产品可能产生的效果。”

与向广告监管者投诉的多数情况一样，对迪奥的控诉也是由竞争者提起的；在这个案例中，投诉者是巴黎欧莱雅（L’Oréal）。有趣的是，谈到修图，法国美容机构自身就是惯犯。上面提到的5个产品

中有4个是欧莱雅的产品，其中第5个由模特崔姬代言的是2009年宝洁旗下的玉兰油（Olay）焦点皙白双重精华眼霜。4个对欧莱雅的投诉是：

- 瑞秋 · 薇姿——2012年的欧莱雅复颜系列。ASA认为这种形象的改变使得薇姿的肤色变化巨大，显得更加平整光滑。
- 茱莉亚 · 罗伯茨——2011年的兰蔻（Lancôme）奇迹薄纱系列。
- 克里斯 · 特林顿——2011年的美宝莲（Maybelline）橡皮擦系列，旨在遮盖鱼尾纹和黑眼圈。
- 佩内洛普 · 克鲁兹——2007年的欧莱雅伸缩睫毛膏。

关于欧莱雅的伸缩睫毛膏促销互动，新闻和电视广告都声称该产品可以将睫毛延长60%。无论这个吹嘘的广告真相如何，在拍摄《加勒比海盗4》这样的大片时，西班牙影星实际上都是戴着假睫毛的，欧莱雅的这种行为的确可笑。评论家对此大做文章，并给公司造成很大的损失。喜剧演员罗尼 · 安科纳（Ronni Ancona）甚至还对此进行了搞笑的模仿，其中，欧莱雅被修改为“欧莱假”的桥段，值得一看。

拜尔斯道夫（Beiersdorf）也因为修饰图像而受到谴责，他在一个平面广告中声称妮维雅维他命抗衰老面霜的保湿功能可以明显减少皱纹、提高弹性、抑制老年斑。令人难以置信的是，ASA在2013年8月禁播了该广告，理由是缺乏科学证据来证明该产品有如此功效，像模特脸上的皱纹很快就减少这样的说辞，只是误导性地夸大了保湿霜的功能。

当然，这并不是英国独有的现象。在美国，宝洁公司的广告也由于数字技术问题而被勒停。在其平面广告中，封面女郎所用的自然奢华慕斯睫毛膏是以创作歌手泰勒·斯威夫特（Taylor Swift）的眼睛为特写的，她的睫毛浓密华丽，被宣称是正常睫毛数量的两倍，但同时也有一份小字印刷的免责声明："在后期制作中增强了睫毛效果。"国家广告部（NDA）是参与美国广告行业的自律机构之一，负责检查广告的真实性，该部门对泰勒·斯威夫特的成功形象做出了解释，即她"从来不曾"坚持那样做。NAD的职责之一是确保国家广告中所展示的产品的精确性和真实性，这意味着，通过使用数码技术来突出产品的优势并不能赢得别人的欢心。"你不能使用照片来展示美妆产品涂在脸上的效果，然后（像实验中的小白鼠一样）披露说：'好吧，这不是真的'。"NAD的负责人安德烈·莱文（Andrea Levine）讽刺性地向《商业内幕》透露了这些。宝洁中断了这场论战，并同意不再使用斯威夫特被处理过的形象，也不再重复使用广告中提出的未经证实的产品声明。

对于NAD和ASA这样的机构来说，就造成图像失真的这种不诚信行为对图像处理软件（PS）和其他数字工具进行监管，非常不容易。如果宝洁公司删除任何关于后期制作的信息，那么这些不诚信行为是否还会被发现呢？也许吧，但难度显然就会增加。其他很多不道德地使用数码技术来抚平、软化或夸大图像效果的广告商，无疑成了漏网之鱼。因滥用PS技术而被查获的公司，往往把这归结为竞争对手的侵犯。对于美妆广告来说，这是现实中冷酷而丑陋的一面。就化妆品和时尚广告而言，你所看到的并不总是你能得到的。

尽管各国施加了很多严格遵守规定的压力，但是国际变革的政治意愿迄今为止还不一致。2009年，法国的国会议员瓦莱丽博耶（Valérie Boyer）呼吁制定一项法律，要求经过数码技术处理的广告有粗体印刷公告；而在英国，自由民主党也曾赞同过类似的立法，包括完全禁止修改任何针对16岁以下儿童的广告。2011年，挪威平等机会大臣艾于敦·斯巴肯（Audun Lysbakken）表示，他希望在PS过的广告中看到“警示标签”，特别是模特看起来很瘦的那些广告。斯巴肯认为，经过“美化”使得女人们看起来更瘦的广告会对少女的自我形象产生破坏性效果，导致她们为了追求“无法达到的理想身材”而节食。支持其观点的是一份由45名国际体像专家签署的文件《媒体图像对身体形象和行为的影响》，该文件断定，“经过数码处理的超瘦女模的媒体形象，与女性对身体的不满意和不健康的饮食具有关联性”。这是一个准确的评价，但是像很多T台模特仍然坚持的行为一样，情况并没有明显的改变。

PS技术修正主义最过分的例子是2009年拉尔夫·劳伦（Ralph Lauren）的广告，其中菲利普·汉密尔顿（Filippa Hamilton）穿着由设计师挑选的上衣和蓝色牛仔裤，站立着并将双手搭在盈盈细腰之下的臀部上。然而，此时“盈盈”这个词并没有公正地表述其形象。这张图片修饰得如此过分，以至于模特的腰看起来比她的头还要窄！在照片如此“怪诞”的冷嘲热讽中，拉尔夫·劳伦马上出来道歉。尽管其道歉得到了广泛接受，但是饮食失调慈善组织“战胜”（Beat）却抨击了这种扭曲的时尚广告，认为这种广告“对年轻人和弱势人群毒性很大”。

美容广告的心理影响是一个感性问题。广告商应该始终牢记，其形象的影响力远远大于他们所推销的产品。尽管销售服饰和化妆品时困难很大，但是广告商仍负有诚实守信的义务。广告商的行为底限就像是处于流沙之上，但是消费者对于他们能接受的东西越来越敏感，并且已经准备好应付那些违规的品牌。诸如“PS灾难”这样的网站为更多的大众提供了数码技术欺骗的例子，今天许多普通人也很容易接触到设计软件，并对图像处理的可行方式具有了解，这意味着他们经常是以一种积极的怀疑态度来看待广告图像。然而，即使广告商很明智地确定了目标客户，广告也不可能被其目标群体的所有人所看到。广告的工作是以一种有利的、诱人的方式展现产品；但无需辩驳的是，广告中的图片会提供一个无法企及的、被扭曲的女性理想的形象，即骨瘦如柴的身材、无瑕的肌肤、加浓失真的眼睫毛。

出乎意料——未经批准的广告成了起亚和大众的定时炸弹

伟大的广告大都是由广告机构制作的。但这并不是说企业内部团队就不能制作出优秀的广告创意来，因为总有一些杰出的例外情况，但总体来说，还是广告机构中的创意团队制作出了最佳广告。为什么呢？最明显的原因是这些机构成立的目的就是制作广告。对于文案设计人才来说，广告公司精心培育的创意环境，及其所提供的为了若干不同客户而在各种任务中与志趣相投的人一起工作的机会，是颇具诱惑的。对于一群向往取得成功、渴望得到认可的炙手可热的青年才俊来说，个人魅力和创造性满意度方面的承诺是不可抗拒的。广告界善于推销自己；你可以对此尽情期待。

当广告机构尽力为客户做好工作时，这个经过验证的模式就很难被推翻了。有时，尽管团队的面孔会发生变化，但是客户/代理商的关系却可以维持数十年。例如，2013年，联合利华就举办活动庆祝与其广告代理商智威汤逊（JWT）合作110周年。在这个经常被看作是善变的行业中，却有着很多经受住时间考验的关系。代理商可以让其客户的品牌得以生存，并且通常能够比客户自己更加有力地表达和重新激活这些品牌。如果代理机构偶尔完全错误地提出了具有冒犯性并与品牌所代表的含义根本不符的想法，也不会造成什么危害，因为客户会直接拒绝，这种想法永远不会问世。

事情应该就是这样，当然也可能不是。应该说并不总是这样。

通常情况下，广告代理机构产生创意的能力也可能引起很大的破坏。创新训练和赛前准备可以抛出各种概念和“解决方案”，这些都是市场营销人员不希望看到的与品牌相关的内容。不时地，令人震惊且不适当的资料就会泄露出来并被疯狂传播。在情况相当糟糕的时候，止损活动是必要的——对于那些起初不喜欢甚至不了解某种想法的客户来说，这是一件令人恼火的事情。

这种恶意材料的出现，经常是由营销界对奖项的痴迷而推动的。正如演员们渴望获得奥斯卡奖、艾美奖、托尼奖、英国电影与电视艺术学院奖一样，或是像运动员竭尽全力获取奖牌、奖杯和进入排行榜那样，创意代理机构也渴望荣誉并被授予如下奖项：戛纳广告创意奖、克里奥奖、黄铅笔奖、金铅笔奖等等；以及其他营销传播中通过许多优秀的颂扬活动而得到的荣誉。获得重大奖项可以巩固代理商的声誉，并且是助推创造性团队成功的因素。在得知受到同行认可而被授予某种证明标志并能提高客户可信度的情况下，这些机构经常在他们的网站上醒目地宣传他们赢得的奖项，并在他们的新业务信任状中强调其所获得的创意奖项。然而，为了得到认可他们有时也会争得头破血流。

每年6月，全球广告业上万名成员都会聚集在法国阳光明媚的南部，参加戛纳国际创意节，并在欢快友好的气氛中颁发奖项，人们积极地建立人脉关系，举行有价值的研讨会，享用着甜点和美酒。在2011年法国里维埃拉的创意节上，自得其乐的顶尖创意人之间即席热议的是巴西广告业迅速成功的趋势——在那一年的戛纳节上，巴西在获奖最多的国家中排名第四，而圣保罗市在世界最具创意的城市中排名第三。然而，在巴西所有真正好的参赛作品中，有一场参赛活动让一些人明显感到不安。这场活动由一个名为Moma Propaganda的机构组织，你应该猜到了，该机构就在圣保罗并获得了两个奖项：新闻界的银狮奖和户外工作的青铜狮奖。

虽然广告奖有时是根据其有效性和一些硬性指标来判断的，但是在这个过程中，存在着大量的主观性，就像评判电影中最好的演员或者是文学作品中最好的作者一样，通常情况下，获得者的获奖感言都可能与陪审团达成的一致意见产生不一致。这完全是正常的。然而，2011年授予Moma的两个奖项却引起了很大的震撼。

这两款广告是为汽车制造商起亚（Kia）创作的，旨在促销起亚狮跑SUV系列，并特别强调了其双区空调的设计。如果我告诉你，这些广告被称为“起亚恋童癖广告”，那么你就会理解为什么他们获得奖项却让人们感到不安了。该广告设想的标题是“两边温度不同”，广告画面分为左右两部分且画风不同：左侧是正常的以儿童为特色的漫画风格；右侧则是活灵活现的色情风格。广告似乎正在通过滥用信任来推广汽车，而这种信任又隐含在教师和学生之间不道德的性关系中，而更令人不安的是，该广告将未到青春期的女孩与曲线丰腴的年轻女人混为一谈。无论从哪方面来说，这则广告都令人生厌。尽管在戛纳评审委员会成员的眼中并非如此，他们认为把奖项授予起亚广告是合适的。

一直以来，那些有争议、荒诞却又让广告创意总监们兴奋不已的作品，与那些有时更为平凡但实际上却有助于促销产品和服务的作品之间，都存在着明显的差异。奖项评审们往往倾向于前卫的作品，而这也经常使得那些表达消费者真实需求的广告受到不公正的对待。也许是我太相信人性了，但我可以很肯定地说恋童癖并不是吸引绝大多数人把目光投向汽车的关键因素。实际上，有很多方法可以用来凸显双区空调的优点。那些人在戛纳把奖项授予起亚广告时的想法，超出了我的思考范围。没有任何迹象能表明评委们有贪污或不道德的行为，但是有大量证据表明其审美上的巨大失误，也可以看出他们全然无视广告内容对于主流汽车公司的适当性。不过，对于评奖委员会阴谋的讨论还是留给另外类型的书籍去评说吧。这里所关心的是，那种广告对起亚这个品牌的影响。

由于这个决定使人们感到惊讶和困惑，在戛纳，一些明智且具有创造性的天才们（他们确实存在）认为可以通过在线病毒传播以确保更多的人来对此进行评判，当然，这些广告受到了嘲讽和嫌恶。那么，为什么这些广告最初出现在巴西的时候，没有被泄露到互联网上呢？原因很简单，它们从来就没有用于广告活动。这些欺诈广告的目的就是赢得奖项，并用廉价的丑闻来提升自己受关注的程度。起亚之前一直在业界默默无闻，直到它突然发现自己卷入了一场争论，即被指责使用恋童癖卡通人物来为其狮跑车型做广告。

“巴西起亚汽车总部及分销商没有任何人知道Moma所创作的这个广告作品，也没有向戛纳进行过作品提交。此外，除了在戛纳网站上被公布之外，该广告从来没有被公开运作，各种媒体都是从戛纳网站得到这则广告内容的。”

迈克尔·秋（Michael Choo），

韩国起亚汽车全球公共关系部总经理

起亚一直都是采用温和平静的对外交涉策略。这次却大为不同，其销售人员和公共关系人员怒火中烧，最主要的就是针对巴西代理机构那群笨拙的人，其次是埋怨戛纳广告创意节的主办方。起亚理所当然地想知道，究竟是什么原因让评委会把奖项授予一个带有可疑目的的欺诈广告，让起亚在毫不知情的情况下遭遇声誉危机。戛纳主办方对此进行了调查，并且一个月之后声称撤销Moma所获得的两个奖项。在一份官方声明中，戛纳广告创意节的CEO菲利普·托马斯（Philip Thomas）失望地说："戛纳广告创意节的规则很明确，如果需要，则必须提供为付费客户合法创作广告并进行宣传的证据。尽管我们与Moma有过多次对话，但该公司并不能提供我们需要的证据，因此所获奖项被撤销。"

也许公平地说，大多数人都很难理解为什么他们起初会被授予奖项。

万幸的是，恋童癖不是汽车市场的自然视角。自杀式爆炸也不是。这就是为什么2005年初大众汽车遭遇危机的原因，当时有关大众的以恐怖主义为主题的一段恶搞视频在网上流传，并被广泛误认为是大众为其Polo车型所做的合法商业广告。广告中的情形如下：一名自杀式炸弹袭击者走进一辆大众汽车，将车开到其目标地点即一家客人正在户外就餐的饭店后停下来，按下引爆装置的按钮。这引发了巨大的爆炸，汽车完全变成了一个火球。尽管爆炸的力量很大，但是汽车并没有因此而解体。然后出来一条广告结语："Polo，小而坚。"大众汽车公司担心消费者会相信这则令人反感的视频与自身有关，开始追查幕后黑手，同时扬言要采取法律行动，理由是视频损害并侵犯了这家德国汽车制造商的知识产权。

真相很快就浮出水面，这段视频是伦敦的创意组合Lee Ford和Dan Brooks的作品，他们被俗称为Lee和Dan（就像Ant和Dec，然而是恐怖主义的笑话）。Lee和Dan为他们的作品集制作了该视频，在电影制作人斯图亚特·弗莱尔（Stuart Fryer）的帮助下，将其提交给大众的广告代理商DDB伦敦公司，希望能接手一些项目，但他们没有成功。

目前还不清楚该视频是如何被上传到网上的，但一旦上传，就传播得很快。大众决心与冒牌广告划清界限，并表示如果必要，其决心会像它的汽车一样坚韧。目前，在比较棘手的局面下，Lee和Dan咨询了一家媒体法专业公司大卫·普莱斯事务所并最终与大众达成和解。Lee和Dan为商业恶作剧道歉，明确表示大众公司没有参与视频制作，并承认该作品侵犯了大众的商标权，损害了其声誉。作为交换，大众公司同意不再追究其损害赔偿。

莫名逃离——福特公司与现代公司的法庭争议

大众公司坚决要澄清事实的一个原因是，一些乏味的病毒式广告被消费者理所当然地认为受到了品牌所有者某种形式的认可。例如，2004年，福特公司新款车型SportKa的视频引发了争议，并受到动物慈善机构的谴责。视频中，一只好奇的小猫爬上汽车，试图去玩弄打开的天窗，突然天窗关闭了，这只不幸的小猫就被斩断了头，其无头的身体沿着挡风玻璃滑下。与Lee和Dan关于“恐怖分子”的视频不同，SportKa广告的视频是由公司聘请的奥美集团制作的。视频是由奥美向福特提交的，其目的是达成病毒式营销，但很快被福特以品味原因拒绝了。然而，视频却在互联网上寻到了出路。这段视频意外泄露了，但在该机构看来这就是一句空话。貌似可信的推诿对于广告商和代理机构来说在一段时间内也许有用，但是消费者对于愤世媄俗的市场营销手段日益抵触。任何认为泄露式策略是没有风险的人，都应该仔细研究下朱利安·阿桑奇（Julian Assange）的职业生涯。

虽然汽车广告出现在网络上（也未必要在那里出现）是相对新颖的现象，但这也是我们所看到的历史循环往复模式中的一部分。从2004年到2013年4月，该模式越演越烈。这次是韩国汽车制造商现代公司，为其ix35型号汽车在欧洲的一段广告视频所引发的“任何犯罪或不幸事件”而发表公开道歉，声称公司从未批准甚至也未指示制作该视频。制作该视频的营销机构伊诺盛全球广告公司也进行道歉，并表示这个视频只在YouTube 上播放一天以获得消费者“对于运用夸张手法来创造性地表达产品优点而无其他商业目的”的反馈意见。仅仅在YouTube上一天？这已足够让该视频得到病毒式传播了。同样重要的是，伊诺盛不是独立的代理机构，它属于现代公司。

那么，以ix35型号汽车为题材而引起不幸的这种夸张手法是怎样的呢？这个叫作“管道工”的视频，讲述的是一个失意中年男人试图自杀的故事。他把自己关在车库，用胶带封住车库的缝隙，把排气管连接到车子里，然后他钻进汽车并打开引擎，等着被汽车尾气给熏死。这绝对是以无耻的尝试引起公众的争议——谁会这么做呢？——广告背后的创意掩饰了所有那些与试图自杀有关的乏味且老套的情节，诸如抑郁和绝望等，其目的是做一个关于发动机排放的环保营销而已。你看到了，ix35由氢燃料电池提供动力，这意味着，就像品牌口号所宣称的那样，是“100%的水排放”。你现在能明白，这个视频给了我们一个令人捧腹的结局：这个倒霉的自杀男子在要毒死自己的企图中活了下来。哦，我们笑得多么欢畅！接下来呢？更多要自杀的人将自己凄惨地扔到马路上，却由于现代公司高超的汽车刹车技术而又继续痛苦地活着吗？

对视频的强烈抵制是可以预料到的并且非常广泛，新闻、广播、在线媒体全部都对此事进行了报道。在反对声音中，最犀利的批评来自广告行业本身。年轻的广告撰稿人霍莉·布罗克威尔（Holly Brockwell）在她的博客上写了一封公开信给现代和伊诺盛公司，她述说该视频让她如何啜泣，因为这把她带回到自己童年时父亲在车里自杀的可怕回忆：

“和大多数人相比，我更了解需要如何做一些有新闻价值的事情，一些值得谈论的事情，甚至是利用骇人听闻的事情来获得那些非常重要的收视率。但我不理解为什么一群陌生人向我兜售汽车却让我痛哭不已。为什么要唤醒那可怕的时刻，那一刻我知道我永远也见不到爸爸了，也是从那一刻开始，他永远地离开了人世。那是一个生日派对。那一天公布了成绩，是我毕业的日子。”

一再地触及人们的痛苦回忆，广告行业正在走向急躁。但是，创意团队有必要停止取笑那些真正接近危机的人。

未经批准……获得批准——世界野生动物基金会在搞什么？

国际慈善保护组织世界野生动物基金会（WWF）也发现自己处于有关“冲击战略”激烈辩论的焦点。2009年，世界野生动物基金会的平面广告（后来做成了视频版）因其麻木不仁而遭到世界范围的谴责。这则名为“海啸”的广告特写了曼哈顿上空数十架被PS成进攻阵势的客机，显然它们是汇聚在世贸中心双子塔上空，故意重现911暴行的场景。

该广告粗暴冷血的重点是，2004年节礼日的海啸所夺去的生命是2001年纽约恐怖袭击遇难人数的100倍。面对这个乏味且令人震惊的事情时，世界野生动物基金会美国办公室匆忙发出一份声明，声称将该事件和广告联系在一起是“不正确的”，暗示那只是一个已经被否决的想法。但是令野生动物慈善机构蒙羞的是，这则愚蠢的广告很快就在巴西遭到了制裁。在那里，恒美广告公司（DDB）无偿制作了广告，经营一本巴西杂志的WWF的初级会员批准了广告的刊登。随后，DDB和WWF发表了联合声明，承认该广告确实被制作了并被批准使用，但这样做是错误的。声明解释说，这个错误是由于“双方相关专业人士缺乏经验”所造成的，他们是想要传达这样的信息，即大自然的力量非常强大……正如那些感到正在被愤世嫉俗的或是莫名具有攻击性的广告策略所操控的人们，他们以其轻蔑的态度展示出来了类似的巨大力量。

否认事实——海泰客、魔力公司和丹麦旅游局把我们引入歧途

试图维持错觉的行动，起初都是激起对病毒式视频的强迫性观看，例如，表明视频是一个独立讲述的真实故事而不是一则隐蔽的广告，几家品牌拥有者已经做好了向公众这样撒谎的准备。跑鞋品牌海泰客（Hi-Tec）发布了一个有趣的视频，叫作“液态登山”，使用特效使人们看起来像是在水上跑步——但由于该品牌否认在这则病毒式传播中有过任何的介入而产生了不和谐的音符，在最终其无耻地“合成”短视频的真相大白之前，该公司用一个月的时间让大家猜测视频的来源。

更糟糕的是澳大利亚服装零售商魔力公司（Witchery）及其代

理机构奈科传播公司（Naked Communications）的行为，该公司在2009年制作了一个名为“穿夹克衫的男人”的视频，以一种卑鄙的方式来推广其新的男装系列。在这段视频中，一位名叫海蒂的漂亮年轻姑娘直接对着摄像机说话，显然她是坐在自己的卧室里，就像很多YouTube上的录像一样给人以家庭录制的感觉。她述说与一名不明身份的男子在咖啡厅里邂逅，在几分钟的交谈里就被俘获了芳心，但在离开时，男子却把夹克忘在了咖啡厅，海蒂收起那件夹克衫并把它带回了家。现在，像反转角色的灰姑娘一样，海蒂希望通过这件衣服找到她那位迷人的王子。她装出一副迷恋的样子，嗅着并轻抚着那件“美丽的”夹克衫，紧紧地抓着它贴向自己的身体，然后又把它举向摄像机，让观众欣赏它的丝绸衬里。她就像是一个迷恋男人衣服的跟踪狂，正在猎捕忘记穿夹克衫的猎物。

随着视频的传播，媒体开始对海蒂的故事感兴趣，对其真实性的怀疑也与日俱增。但是当被记者盘问时，海蒂断言这是自己追求爱情的真实故事，甚至因其产生的巨大影响还接受了全国性的电视访谈。由于不能令人信服，媒体做了深度挖掘，从而揭开了真相。正如《悉尼先驱晨报》的头条简报所称：“你已经被欺骗了：悉尼灰姑娘寻找夹克男人的故事被曝是病毒式广告”。广告中的女人是个演员，海蒂并不是她的真实名字。媒体获得真相的速度使得奈科和魔力公司处于不利的境地。他们的欺骗没有能够掌控“真相的泄露”并产生正面的影响，反而成为故事的焦点。这对他们也没有好处。奈科声称这次活动有助于魔力公司的感知朝着更好的方向改变，但其自己的接纳性研究显示，1/4的人失去了对该品牌的尊重。在我看来，这是一项很糟糕的活动结果。用大量的品牌诚信换取的只是视频中维持几天的微不足道的神秘感，在我看来这并不是一个有价值的交易。消费者可能会觉得有幽默感的品牌令人很舒服，但是他们憎恶被欺骗的感觉。透明度非常重要。

在线铺设“人工草皮”——爱德曼为沃尔玛创建假博客

爱德曼（Edelman）信任度调查强调了商业透明度和诚实的重要性。爱德曼是世界上最大的公共关系公司，在全球66个办事处雇用了4500多名员工。在过去的10年中，公司每年都会做一次信任度调查，探究人们对商业、政府、非政府组织和媒体的信心。

2013年，该项调查访问了26个国家的31 000名受访者。在全球范围内，政府（48%）的信任分数低于企业（58%），这让人略感惊奇。然而，这绝不是说人们相信大多数企业会一直保持坦率。只有18%的人相信企业的领导不管遇到多么复杂或是多么不得人心的情况都会讲实话。该死的是，越是在发达的市场中，对企业的信任度越低。似乎可以合理地推断出，在企业诚实的信任中包含了国际危机的一些内容。

在大多数情况下，爱德曼都会公开而又直接地给客户建议。但在有些场合，它的商业道德也会遭到质疑。2006年，在爱德曼与其一家主要客户之间一件极其令人尴尬的事情中，该公共公司卷入到一场“草根营销”的惨败状况中。草根营销是营销行业对制造伪草根的诙谐术语；该方式为品牌设计了一种看起来是自发性的支持活动，而事实却恰恰相反。当这种活动牵涉到伪造博客时，这些在交际用语中就通常被称为假博客。作为重在进行假货证明的术语，这是不光彩且具有误导性的实现沟通目标的方式。公平起见，信誉优良的营销人员大都不会容忍这种做法。

爱德曼非常不明智地为其客户沃尔玛创建了两个假博客。其中，知名度较高的是“穿越美国的沃尔玛”。据称，一对名叫吉姆和劳拉的夫妇，他们的工作就是在娱乐车（移动之家）中用图文记录其穿越美国的旅程。这对夫妇特别强调了在沃尔玛的停留，因为沃尔玛的员工们非常友善，他们经常滔滔不绝地讲述其优越的工作条件、良好的产品品质，并能在停车场中为自己的大型娱乐车找到位置。并非只有沃尔玛鱼柜里的海鲜感觉不大对头。有些碰巧在生活中遇到这些赞颂沃尔玛故事的人感到，这些故事并不像被宣称的那样客观公正。由于规模巨大——2011年其净销售额为4190亿美元——沃尔玛是一家备受关注的公司。不久之后，人们开始调查究竟发生了什么。事情很快就水落石出了，“穿越美国的沃尔玛”的作者根本就不是勇敢且具有独立思想的冒险家，而是得到了“沃尔玛工作之家”这一组织的资助，该组织建立的目的是反驳沃尔玛不是家庭友善的雇主这样的批评。“沃尔玛工作之家”是爱德曼暗中炮制的，并且有他自己的假博客。《商业周刊》以“沃尔玛的吉姆和劳拉：真实的故事”为标题捅破了假博客。在日益增长的压力下，爱德曼披露了参与创建之前选择隐藏的草根营销的内容。

这家公共关系公司与其所宣扬的内容背道而驰的做法被抓了个现形。作为公共关系行业的龙头之一，爱德曼参与制定了在线交流最佳实践准则，该领导团队的成员曾向其他人讲授博客空间对于公开与诚实的需求，以使人们能够自行判断他们正在阅读的材料是不是经由既得利益者或偏见过滤出来的。因此，该公司嘲弄了自己倡导的道德，对此进行揭露实在令人尴尬，虚伪的陈词见了光。尽管爱德曼本人有着较高的国际地位，但仍然可以感觉出其家族企业的背景，该公司1952年由丹·爱德曼（Dan Edelman）创建于芝加哥，是公共关系领域伟大的先驱性公司之一。

2002年，我有幸在公司的伦敦办事处会见了丹·爱德曼，当时我为《金融时报》纪念该公司创建50周年的一篇短文采访了他。爱德曼这个活泼的82岁老头作为公司董事长仍然每周工作5天，与员工和客户分享经验。6年前，他离开主管的位置时，把权力交给了大儿子理查德。2013年1月，丹不幸去世。丹喜欢展望未来，而不是沉湎于过去无数的成就中。他很热衷于赞扬公共关系作为一门学科而日益成熟，并基于客户仍在发现其价值及潜在影响力而预测爱德曼公司的光明前景。“我们感到公共关系将会越来越重要，因为我们的业务是以同利益相关者建立关系为基础的，无论他们是客户、员工、股东、金融团体，还是监管机构。”丹向我述说着，眼中闪烁着企业家的激情。基本可以推测，他在2002年所提到的公共关系模型比4年后出现的不诚实的“草根营销”更为透明。2006年，爱德曼打破了“花费时间应对危机”这一公共关系的黄金法则，使得对其行为的猜测和指责连着几天都得不到回应，这让事态进一步恶化。在《商业周刊》刊载这个事件后整整一周，理查德·爱德曼（Richard Edelman）（他自己也是著名的博主）在其颇具影响的博客中写道：“我想承认我们没能从一开始就明确那两位博主身份的错误。这100%是我们的责任和错误，和客户无关。”在公司漫长的历史上，这是令人不悦的一章，爱德曼公司大概很想把这一段故事掩埋下去，永远置于天然草皮之下。

但是在这里，我再次将它挖掘出来。尽管对于他的公司而言，这件事情令人尴尬，但当我在美国和他接触时，理查德·爱德曼非常友好地和我分享了他对此事的想法：

“你必须对赞助商和出资人保持透明：要一直这样，无论是主流媒体还是社交网站或是博客。在基本原则方面，我们全球化的爱德曼团队的培养工作做得还不够充分。这是一个集体性的失败，我们已经通过持续培训和增强质量控制来进行补救。”

贿赂、秘密关系、袜子玩偶——俄罗斯食品电商、南德意志报等

在“草根营销”的其他例子中，近年来被披露的是俄罗斯在线零售商乌特卡诺（Utkonos）的促销活动。2007年，在俄罗斯非常受欢迎的社交媒体“生活杂志”上，该零售商资助知名博主们同时发表赞扬该公司物美价廉、交货快捷的短文。当其他博主从性质大致相同的帖子中推断出这实质上是隐性广告时，他们开始指责这些由乌特卡诺收买的博主们贪婪而不正直，并攻击乌特卡诺运作了一场腐败而欺诈的活动。声誉卓著的媒体会谨慎地区分社论和广告内容——从追求曝光的品牌的角度看，也可以区分为“赚钱的”和“付费的”新闻报道。为了直接区分这两者之间的差别，任何以社论风格来制作的广告都应该标注“社论式广告”“广告特写”等类似字眼。

在俄罗斯，尽管后苏维埃时代媒体领域发生了巨大变化，但还是存在一些道德和诚信报道的问题。非政府组织“无国界记者”在其2013年的“新闻自由指数”中将俄罗斯排在179个国家中的第148位（如果您想知道，索马里、叙利亚、土库曼斯坦、朝鲜和厄立特里亚是排名最低的5个国家）。甚至还有一个特定的俄语单词zakazukha表示贿赂媒体以换取报道。事实上，2001年国际公共关系协会（IPRA）发起了媒体透明度的活动，旨在减少媒体报道上不

道德的做法，例如贿赂和草根营销，时任IPRA主席阿拉斯代尔·萨瑟兰（Alasdair Sutherland）一直将该活动称为对抗zakazukha的斗争。（在这一点上，鉴于本章是关于公开性和诚实的内容，我想谨慎地声明自己以自由撰稿人身份负责IPRA的社论内容已有十多年了，从未遇到被行贿的事情。甚至不会在这里写有关IPRA的内容！）

“IPRA”活动激发了“媒体透明度宪章”的形成，该宪章已被全球公共关系从业者和媒体所采纳。然而，尽管有这些准则和良好意愿，但一直存在可疑或不道德行为的情况，博客圈、评论网站以及民众记者经常出现在黑名单中，而传统媒体在这些方面则很难出现腐败。2009 年，贝尔金（Belkin）科技公司的一名员工被抓到向一些人支付费用，让他们写一些关于公司产品的正面言论；而在同一年本田（Honda）公司因在其脸书上以“草根营销”的方式公布了新款车歌诗图（Crosstour）的图片而受到指责：这款车的设计遭遇了一波负面评价，之后又难以置信地获得了正面的言论——人们很快就发现，后者来自于本田的产品经理，他在发帖点赞时并没有提及自身在公司的职位。许多餐馆、酒店、音乐家——包括作家——多年来都受益于像亚马逊和猫途鹰这种网站上亲友的好评，当然这些评论中有很多都显失客观和公正。甚至有时候，作者自己以伪造的网络身份来为自己的作品唱赞歌，或是蓄意诋毁其他作家的文学创作；这种卑鄙、偷偷摸摸的做法被称作“袜子玩偶”。这简直太无耻了，历史学家奥兰多·菲格斯（Orlando Figes）、犯罪小说作家斯蒂芬·莱瑟（Stephen Leather）以及其他进行诚信评论的商业买家——要小心僵尸羊排、狡猾的匹诺曹和其他恶毒的玩偶搅扰你的好梦！然而，消费者主要是对这些拙劣的小动作进行提防，却显然忽略了侵袭他们的虚假信息。

当更强有力的营销机制被运用到这种滑稽举动中时，人们会感到更加忧虑。这让我想起了一个卑鄙的老笑话，把公共关系定义为有组织地行骗。显然，消费者不会喜欢糊弄人的想法。2010年，德国主要报纸之一《南德意志报》（简称SZ）给人们形成了这种印象，即它想要做的只是利用博客圈来推广其新的iphone 应用程序而已。《南德意志报》请瑞士社交媒体营销机构特里加米（Trigami）帮助它创建网络口碑。特里加米拥有一个15 000名博主的网络，负责播出种子内容。在这种情况下，特里加米付费给选定的博主，让他们撰写关于APP程序的正面评论，甚至事先给他们准备好文本模块，以便减少其工作量。当一个博主将此事说漏嘴的时候，这个故事很快就被《南德意志报》的竞争对手拿来写了一篇关于《南德意志报》购买积极评论的负面文章。人们几乎不会想到优质报纸会有这种行为，因为优质报纸被期望坚定地捍卫在自己刊物上写作的批评家和评论家的诚实与正直。由于这种破坏性的批评，《南德意志报》很快便停止了这场活动。之前自豪于严谨报道新闻的编辑们深感沮丧，因为他们公平公正的声誉就这样被毁掉了。在适时表明社论的情形下，这家报社以直率的标题“不成功的销售”报道了自己的错误。这一定很让人受伤！

那么，一个老练的媒体所有人是如何为自己策划了一场毫无经验的混乱局面的呢？《南德意志报》负责线上营销的高级产品经理彼得·比尔茨·沃尔格穆特（Peter Bilz-Wohlgemuth）致歉并解释说，这个问题是由在制作简报过程中的误解造成的。在与特里加米方面沟通时，比尔茨·沃尔格穆特表达了这场活动能够传递较多正面评论的希望。这一观点被特里加米的一位工作人员所误解，该员工实施了社论式广告活动，旨在确保内容一致都是好评（有些人可能会说这实在是太没脑子了），而不是安排博主进行独立、写实的评论。这些参与活动的博主们还被告知要在苹果应用商店里发表有关产品的有利评论。虽然特里加米——（2011年与社交媒体广告公司Ebuzzing合并）——已经通知博主们要强调《南德意志报》的APP“评论”只是其促销活动的一部分这一事实，但是这并不够清晰。特里加米的创始人雷莫·乌合雷克（Remo Uherek）发表了一份有关其公司内部质量控制问题的道歉声明，该问题导致了这场社论式广告活动，而没有达成客户的意愿。对于双方来说，这都是一件令人不快的事情。

《南德意志报》并没有打算刻意欺骗。但是，在公众满意与公众疑虑之间确实存在很大的空间。人们对于《南德意志报》品牌的期望要高于他们在博客圈中对该期刊行为的感知：如果，比如说该报纸报道政党拉票的事，那么它就无疑抢占了道德高地，也不应该出现购买评论这样的行为。品牌是建立在信任之上的。任何破坏信任的营销行为都会成为品牌未来健康发展的威胁。

没有权利待在那里

● 2009年，加拿大内陆省艾伯塔省的旅游推广活动是以英国诺森伯兰的一幅海滩图像为特色的。当这种欺骗的失礼行为被披露时，阿尔伯塔省政府官员为这种“搞砸了”的举动而道歉。英国诺森伯兰郡旅游局却被别人做了精心的宣传，他们一直都没怎么注意到加拿大艾伯塔省在“宣传英格兰北部的美景”。

● 法国政府机构HADOPI（该机构的建立是监督互联网版权的保护）经历了一个如下错综复杂的立法过程。2010年1月，法国文化大臣弗雷德里克·密特朗为 HADOPI揭牌，指出新机构“终于有了自己的面孔”。几个小时之内就发现，该标志利用了图形设计师让·弗朗索瓦·波尔谢（Jean François Porchez）的自定义字体并归属于法国电信公司。HADOPI 没有征求版权所有人的许可就使用了它。这对任何一个组织来说都是令人尴尬的，但是对于一个反盗版机构来说，这是极其滑稽可笑的。HADOPI的设计公司“创造性计划”（Plan Créativ）不得不快速返工，使用不同字体重新设计标志。

● 2012年9月，美国健康保险公司“健康网络”由于一场宣传活动而受到了媒体的粗暴对待，因为该公司在广告中利用虚假的客户推特称赞其健康计划。大家是否觉得有点恶心?

窍门和教训

● PS技术不应该被用于欺骗。

● 永远不要对公众说谎，即使这意味着在活动中失去一点影响力或是惊喜。品牌的长期声誉要比短期获利更为重要。

● 在所有的营销和沟通活动中保持透明。

● 不要侵犯任何他人的版权。

● 确保广告准确、真实。

● 确保没有人发表与你的品牌相关而又未征得你明确许可的广告和宣传资料。

第八章

不着边际
被敷衍的消费者、定位错误的产品与不和谐的伙伴关系

即使是对那些具有广泛吸引力的品牌来说，定位也是至关重要的。简单地说，如果你连产品或服务是为谁提供都不知道的话，那么你又如何正确定位或推广呢？ 如果你对受众没有洞察力，你怎么能够激励他们购买你的商品呢？大品牌会做许多市场划分，当然，目标群体可以通过年龄、性别、地点、购物历史、收入、价值观和许多行为属性来界定。定义并理解核心目标群体，可以为公司的新产品开发和营销传播活动提供基础。

营销中最棘手的事情之一就是将品牌与其特定目标受众联系在一起，传达所有其中蕴含的感知和内容，并使其对其他受众产生吸引力。这就是汽车制造商梅赛德斯（Mercedes）寻求在其A-Class系列车型上所形成的效果。梅赛德斯这个品牌长期以来一直与平稳、豪华的汽车终端市场相联，其买家因而也趋向年长、富裕的消费者。新的A-Class车型发布会是数十年来梅赛德斯最为重要的发布会之一，该车型以年轻人群为目标，并需要在新一代受众（20世纪80

年代初或之后出生）中让其品牌活跃起来。就他们了解到年轻车主不仅希望开一辆好车，还希望开一辆有内涵和话题性的车。

——Maxus和AMV BBDO两家公司制作了受推特影响的电视广告。梅赛德斯的推文“你来驾驶”大有进入双屏传播的趋势。在推特上，观众在《英国偶像》栏目的商业广告中引领了实时故事的潮流，例如，在不同屏幕上显示的两个选项#隐藏和#躲避之间进行选择，最受欢迎的推文决定了搜索的排序。考虑到年轻一代的喜好，公司在里斯本的街道上拍摄商业广告，讲述了一位城市音乐明星与其女伴的故事，他们正试图进入当局已经查封的秘密演出地。这显然与完美的装扮形成了鲜明对比，自命不凡的行政人员听着精致车载娱乐系统播放的弦乐四重奏，车子沿着空旷的景观路平稳地前行，人们可能会想着这是在梅赛德斯车中所看到的场景。广告发布两个月后，A-Class车型就在英国两厢车市场上占到了6.2%的份额，并产生了77 000个客户。重要的是，需求A-Class系列车型的客户其平均年龄要比经典型梅赛德斯-奔驰客户的年轻10岁，这表明其定位是有效的。

但是，设立目标不能保证你会达成目标。有些在尝试后失败的人可能希望他们拿起的是一把散弹枪，只要挥枪向空中疯狂射击就可以成功了。

为爱尼米摩森康胜啤酒公司错判市场而消亡喝彩

爱尼米的故事始于2009年，它是由英国摩森康胜啤酒公司的合作伙伴苦与甜公司（BitterSweet）创建的。苦与甜公司的目标是要找出使啤酒更吸引女性的方法。研究显示，英国女性仅占啤酒销售的17%，79%的女性很少或者从来不喝啤酒。进一步的数据让摩森康胜公司相信，通过推出适当的女性啤酒产品，它可以挖掘4亿英镑的市场。该公司凭借其对消费者的洞察，发起了一项两年的新产品开发计划。这家啤酒商询问了3万多名妇女不喝啤酒的原因，发现许多女性认为所有的啤酒在外观和味道上都相同，因此很难进行分辨。这一洞察结果为其产品配方和包装策略的变化提供了依据。

2011年秋，摩森康胜推出了其经过仔细调研后的新品牌，其广告宣传活动资金200万英镑，宣传标语是“为爱尼米喝彩”。这款“闪闪发光、精细过滤”的瓶装啤酒的酒精度为4%，并有三种选择：透明过滤装、激爽柠檬装和清新玫瑰装。产品设计公然女性化，这更像是让凯茜·琦丝敦（Cath Kidston）公司负责重新设计日本国际信用卡公司（JCB）的制服。瓶子标签和优惠组合装的设计以柔和的蓝色和银色为特征，至于风味的变化则是与瓶子的颜色一致，配着柠檬或粉红色的图形元素。啤酒的主商标说明，大概是想要在啤酒的成分中加入对女性的考量，类似于英国妇女协会的插花艺术，这注定要走向不归途。希望这些漂亮事物的创作者们——她们已经由于试图区分不同的啤酒品牌而大伤脑筋——可以暂时停下纤纤玉手，在继续从事与性别相符的杯形蛋糕装饰灯活动之前能够消除疲劳，让自己在家里男人回来时显得体面漂亮。

爱尼米的品牌规划是定位为女性化和精致化，而不是屈尊俯就。不幸的是，大部分目标顾客却真实地尝到了这种被敷衍的感觉。虽然已经有了丰富水果风味的传统啤酒，最为著名的是比利时的兰比克啤酒，但爱尼米的变化系列给人的印象却是做作的，似乎一成不变地将女性归为喜欢其他类别如葡萄酒风味的假设，而不是喜欢真正从酿造传统中发展而来的口味。对于很多女性来说，这让爱尼米看起来很虚假，更像是水果酒而不是真正的啤酒。在《卫报》的“口碑”美食博客中，索菲·阿瑟顿（Sophie Atherton）写道：爱尼米没有打破女性与啤酒之间的障碍，只是成功地生产出了一个“看起来含有苏打水”的瓶子，他们想知道200万英镑的广告预算是否被合理使用，即是否能吸引女性了解摩森康胜现有的啤酒产品。

同时，在品尝产品时，受人尊敬的啤酒专家梅丽莎·科尔（Melissa Cole）甚至宣称：“如果任何人可以从这些饮料中品尝出哪怕一丝接近普通啤酒的风味，我就吃掉我的帽子。”之后，她徒手挖了一个洞，提议愉快地把剩下的所有瓶子埋下去。面对低迷的销售额、冷漠和嘲笑，在产品发布一年后，摩森康胜不可避免地屈服了，宣布他们正从英国市场撤回爱尼米产品并解散苦与甜公司。虽然产品可能尝起来没有那么苦，但这次的经历却是苦的——爱尼米这个品牌失败了。

敷衍你的目标客户永远都不是明智之举，摩森康胜在这方面无疑犯了错。而且，该公司公然将新产品定位为女性啤酒时，也无疑疏远了男性饮酒者。鉴于男性构成了啤酒市场的绝大多数，该举动也不是商业上非常机敏的发展方向。然而，对于关注增长率的啤酒商来说，增加女性啤酒市场规模仍然是一个切合实际的野心。没有迹象表明可以说服更多女性饮用啤酒，但在英国和其他地方，确实有一些啤酒品牌已经证明擅长吸引女性消费者。女性消费者最不能接受啤酒的一个原因是许多主流啤酒广告中的性别歧视，广告传递了这种产品不属于女性的信号。将更多女性转化为啤酒消费者的出路是推出真正跨性别的啤酒品牌。这比让她们喝下假睫毛般做作的酒精饮料更加靠谱。

比克公司失败的圆珠笔——一支没有引起女性兴趣的笔

摩森康胜绝不是唯一针对女性顾客开发产品却还要忍受怨愤的顾

客对其刻板印象做出强烈抵制的公司。比克公司（Bic）推出的女士笔被那些竞相在亚马逊网站上发表讽刺性产品评论的消费者所嘲笑。比克公司对目标客户的看法似乎是，这些女性顾客每次在照镜子时，都会在自己身上看到一位芭比公主。公司提供的是一系列具有粉色或紫色等柔和色彩的漂亮产品，并设计成纤细笔杆“以舒适地匹配女士的手型”。比克女士笔的目的无疑是引起女性顾客的兴趣。但当女士们被定义为困境中的虚弱女子或空虚的家庭主妇而纷纷指责该产品时，事情就变得滑稽而棘手了。男人们不想错过比克这场充满蛊惑的乐趣，也加入到指责浪潮中来，不久在亚马逊上就出现了几百条幽默的评论。

一名叫艾米·哈德森（Amy Hudson）的顾客评价道：“用夸张的手法来说，第二天早上我醒来时，发现比克女士笔使我焕然一新，在现实中，要看到明显的变化则需花上大约三四天的时间。我开始穿较紧的衣服和不合适的鞋子。第三天晚上，我的头发长了六英寸，从一头容易打理的齐肩短发，长到了需要花费更多时间并使用更多护理产品的长度。办公室里的男人看我的眼光也不一样了！最后，我得到了对于我外表而非我能力的赞美！”

另一位评论者则表示：“我丈夫从来不允许我写作，因为他不想让我触碰男人的笔。但是，当我看到这款产品的时候，我决定买下它（用我的零用钱），到目前为止，这支笔真的是太好了！一旦我学会写作，女性化的颜色和更加适合我纤弱小手的持握尺寸就能够让我涌出对新食谱、缝纫和园艺的新想法。我的丈夫对这款产品不太满意，因为他认为这会让我变得更加独立，他也讨厌拿起这支笔时就会感受到的女性麻刺感（以及仙女和彩虹的幻景）。”

这样的评论一页接着一页。对于任何没接触过比克品牌的人来说，这是非常有趣的。当然这种反应也不是没有先例。我想说，当评论者拿产品的效力开涮时，男士脱毛品牌薇婷（Veet）也发现自己已成为言辞责难的笑柄。如果你想要观看这些内容，那么需要注意：这些评论是既滑稽又粗鲁的。

薇婷和比克之间的巨大差异在于，薇婷的评论集中于男性对产品不恰当的使用方面——事实上，许多评论是赞扬该产品的脱毛效果的——而比克被广泛谴责则是其对女性贬低的态度。随着评论的增多，博主和媒体机构都注意到了，互联网上也开始出现了有关批评的报道。不可避免地，这样会鼓励更多的人撰写刻薄的评论，并在其他地方引发更多的报道。

比克公司忽略了保护其推特@bicforher免受攻击的做法，这也为模仿该账户内容的行为扫清了道路。2012年10月，传统媒体也插上一手。喜剧演员艾伦·德盖内雷斯（Ellen DeGeneres）在艾伦电视秀中为比克女性笔献上了一段独白，甚至拍摄了一段讽刺的商业恶搞视频，赞美这支笔能够“经受得住所有疯狂的情绪波动”。比克的声誉正在快速下降，因为它推销产品的方式是对那些原本想要争取过来的顾客进行了暗中的贬损。

碰巧的是，这也不是比克公司唯一一次发布产品而让其品牌遭遇难堪的事。20世纪70年代，消费者就对比克的行为感到困惑，该公司成功地将产品从书写笔延伸到用完即扔的一次性打火机，又通过推出一次性内衣将品牌延伸到了更远的商业领域。先不谈论一次性产品的问题，人们很难弄明白比克现有的产品与其向内衣领域扩张之间会有多大联系。事实上，对许多人来说，这似乎很奇怪，品牌延伸也迅速以失败而告终。一款廉价的比克香水也证明是短命的，尽管其目标是成为美国最具性价比的香水品牌，并有数百万美元的营销预算支持，但它最终还是没有达成目标。即便是在香水市场的价值终端，消费者想要的也是具有一定诱惑力和神秘感的产品——而通常不会选择与一次性打火机和廉价的圆珠笔联系在一起的品牌。

历史总以奇怪的方式重复上演，正如Zippo发布的女士香水便是由打火机品牌Zippo授权的，并在2012年《广告周刊》与品牌延伸研究机构Parham Santana联合进行的读者调查中被评为最差的品牌延伸产品。

鉴于自从1950年推出Cristal圆珠笔以来，比克已经成为文具的代名词，所以比克聚焦于钢笔可以说更为安全。然而，正如比克的女士笔所犯下的错误那样，想当然地看待自己的目标客户是相当愚蠢的。

道奇女士车（La Femme）——女王陛下恩准的……美国女人

我很想知道道赛车手丹妮卡·帕特里克（Danica Patrick）是如何理解道奇汽车的。回到20世纪50年代，克莱斯勒正试图想出如何吸引女性对汽车产生兴趣的方法。第二次世界大战使美国社会发生了巨大变化，数以百万计的妇女进入劳动力市场，战后的数年中，品牌所有者热衷于开发越来越独立自信的女性市场。考虑到这一点，克莱斯勒在1955年推出了道奇女士车，这是一款基于皇家轻骑兵的车型。但是，正如半个世纪后爱尼米和比克所做的那样，这款车过于精致了。作为第一款专门为女性而设计的车型，1955年的车型有两种色调，玫瑰粉色和白色的外观，而内饰使用丰富的编织提花织物，并采用柔和的玫瑰花边设计。“时尚”的雨披、“别致”的雨伞和“惊艳”的定制肩包——所有的粉色都与汽车相匹配——被作为包装的一部分。经销商4页的小册子再次突出了粉色，封面上有着谄媚的文字——“女王陛下恩准的……美国女人”，并在一位迷人女士的插图之上缠着丝带。手册内容中充斥着“为不期而遇的阵雨准备的精美雨靴”这类的优美语句，使得手册的优雅没有因为发动机容量或燃油经济性等乏味粗鄙的内容而受到破坏。

通过翻阅历史不难发现，20世纪50年代是芭比娃娃达到顶峰的十年，直到1963年贝蒂·弗莱顿（Betty Friedan）的现代女权主义写作里程碑式的作品——《女性的奥秘》的出版。然而，甚至是在妇女解放运动出现之前的这个时代，道奇女士车的定位也给人一种高人一等的印象。汽车在展厅很少引起兴趣，销售业绩不佳。仅仅两年后，道奇的这款专注于女性的汽车就停产了。以漂亮的配饰为基础来销售汽车真的没有什么意义。其所给人的印象是屈尊俯就和从男性的角度来考虑女性应该喜欢怎样的车子。这样的产品即使是在20世纪50年代妇女解放之前的年代，女人也不会去购买它。

乳制品领域中的护肤品——达能错误的分销策略

被称为功能食品或营养品的东西，已经发展成一个大的行业。营养领域和医疗保健领域的日益重叠，使得那些可以促进基本健康或防御、控制疾病的新食品行业急速发展。市场透明度调研显示，2011年全球营养保健品市场价值1421亿美元，预计在2017年将达到2048亿美元。这其中蕴藏着可以赚大钱的机会。

2007年，法国食品巨头达能（Danone）在法国和其他几个欧洲国家推出酸奶品牌爱森茜（Essensis）。酸奶是达能公司的支柱型产业，公司对于乳品品牌系列中的这款最新产品寄予了厚望。尽管爱森茜不是普通的酸奶，其成分包括琉璃苣油、维生素E和据传有美容养颜效果并被定位为可食用养颜品的绿茶提取物。在达能公司为此款酸奶投资数百万欧元的法国电视广告中，高调展现了年轻女性不仅食用这款产品，还欣喜地抚摸自己没有皱纹的脸庞并炫耀自己无瑕的肤色，同时通过勺子上的反射欣赏她们的脸！广告介绍了产品的抗氧化性和天然的益生菌，并提出了科学证据以证明其功效。广告甚至通过一系列屏幕图案，来说明饮用酸奶可以使皮肤富有活力。这则为了美丽而食用酸奶的颂扬活动以押韵的标语“从内部滋养你的皮肤”作为结尾。这句口号也被印在产品包装上。

尽管该产品的定位与它所声称的美丽截然不同，但达能推行了传统的酸奶分销策略。爱森茜在超市货架上与畅销酸奶并肩，与其他酸奶类产品相比，它所声称的美容效果不太合适且还被高价出售。全球经济衰退的出现也对其销售产生了影响，因为欧洲的消费者开始在采购时更加仔细地权衡产品的性价比。但是，真正让这个品牌失败的原因是达能错误地选择了目标市场。在我们对美丽痴迷的世界里，也许会有爱森茜这种产品的一席之地；然而，这个地方应该比超市更为时尚和专属。在发布之初所爆发的兴趣后，爱森茜的销售开始下滑。达能因此改变了产品的口味，但这些变化对销售下降的趋势几乎没有什么影响。2009年，在高调亮相两年之后，达能停产了该产品。

达能在酸奶领域中可能已酿成大错，但实际上它在功能性食品的市场上还是很有远见。在推出爱森茜的同一年，达能收购了医药营养公司纽迪希亚（Nutricia），并且营业额每年以10%左右的幅度稳步增长，至今纽迪希亚的年收入超过10亿美元，成为达能帝国保健品（不知道还能将其称作什么）盈利的重要部分。纽迪希亚的优势在于提供具有专业益处的产品——其中一些只能在医疗监督下使用。与爱森茜的情况相比，其营销的很大一部分工作是与患者和专业团体建立关系，这是一个非常不同且更为有效的市场定位模式。

会唱歌的海绵猴——奎兹诺斯的吉祥物令人毛骨悚然

位于丹佛的快餐连锁品牌奎兹诺斯（Quiznos）在烤三明治方面为人称道，并利用在快餐行业流行的特许经营模式发展了企业。今天，奎兹诺斯餐厅遍布美国和其他25个国家之中，尽管在2007 ~ 2009年的经济困难时期，它关闭了大约一千家门店。与市场领导品牌赛百味（Subway）相比，这是一个具有挑战性的品牌。

2004年，奎兹诺斯及其广告代理机构马丁公司（Martin Agency）着手让它的品牌提高对18 ~ 24岁青年团体的吸引力。他们似乎在横跨大西洋的伦敦找到了想要的答案，在那里网络动画师和创作歌手乔尔·维奇（Joel Veitch）展现了其创造受年轻人喜欢的娱乐要素的本领。维奇是海绵猴的创作者，视频中它们长着一对球状的眼睛，毛茸茸的，喜欢尖声唱着幽默的歌曲。该视频以刻意的生涩风格表现出活泼生气，使这些动物看起来像是悬浮在空中一样。其中一段视频是为维奇创作的名叫“我们喜欢月亮”的歌曲而制作的，视频中海绵猴不仅唱出了它们对月亮的热爱，还随意地唱出了它们喜欢奶酪、飞艇和土拨鼠。这首歌被重新做成奎兹诺斯的电视广告，名为“我们喜欢潜艇”，这次海绵猴更加专注于歌唱它们所认可的美味的、脆脆的、温热的烤三明治。他们还唱到了奎兹诺斯颇受欢迎的“胡椒酒吧”。随着海绵猴毫无争议的病毒式走红网络，奎兹诺斯也有了将它们作成令人难忘的商标的想法，甚至将其称为“说话的东西”

也行。

奎兹诺斯没有预料到的是许多消费者对海绵猴的感受非常负面。尽管海绵猴诡异的做工与年轻人产生了共鸣，但许多年长的消费者并不太喜欢餐厅连锁店使用这个形象来进行推广，因为这让他们想到老鼠，而且是尖叫的、眼睛暴突的老鼠。海绵猴可能取得了病毒式网络传播的成功，但是并没有在中年的美国中产阶级方面有好的表现。奎兹诺斯收到了大约三万个关于这个活动的电话和电子邮件，并且其网站流量翻了两番。所以，尽管对于它们是有趣的品牌动物还是令人厌恶的不成曲调的害虫的意见分歧很大，但海绵猴肯定是有效地吸引了人们的注意力。

广告宣传产生两极分化的讨论会对生意很有帮助。然而，这里的情况并非如此。很多奎兹诺斯加盟店对海绵猴的形象所造成的影响很不满意。阿拉巴马州莫比尔的加盟商休伊 · 麦克（Huey Mack）对媒体抱怨说：“在我们这个地区，我们除了负面评论以外其他什么都没有，销售额证明它对生意有负面影响。”得克萨斯州的一个加盟商向《休斯敦纪事报》投诉：“他们说广告在测试时反映良好。但是这怎么可能呢？它让我快要破产了，我失去了顾客。”在其他地方，加盟商都受够了顾客对于这个商业广告的抱怨，有几家餐馆摆放了标志，指引那些想要到公司总部投诉的人。他们认为，远离海绵猴的广告是保护生意的必要举措。无论如何，在处理为什么老鼠可以用来为餐厅做广告这样的问题上，他们真的是受够了。

在加盟商日益不安和消费者投诉猛增的情况下，奎兹诺斯将海绵猴活动从主流国家网络上撤了下来。然而，广告片又继续在MTV上播放了一段时间。这寓意颇深，因为案例中的根本问题是目标定位错误。如果说海绵猴这个奇怪的生物有天然栖息地的话，那就是互联网。除此之外，它还能够在类似条件的环境中繁荣兴旺，例如音乐电视，那里的观众会喜欢它。就通过广告引发热议来说，奎兹诺斯干得很漂亮，这是在主流电视上以互联网病毒式风格进行试验的大胆举措。也有许多年长的消费者根本不喜欢它，但很多二十几岁和十几岁的年轻人却很喜欢，这个广告至今仍然由于其独创性而让人印象深刻。2011年，在《时代》杂志评选的“十大最恐怖的产品吉祥物”排行榜中，海绵猴占据了一席之地。就个人而言，我喜欢这则广告以及制作这则广告的初心。挑战性品牌有着正确的逻辑，即在有限的营销预算下以新颖的方式在电视广告中获得不俗业绩。如果他们坚持以海绵猴瞄准年轻人的话，这场活动本可以获取真正的成功。

对于产品开发策略和信息传递来说，界定并理解目标市场绝对是营销的根本。数据分析工具使得受众能够以前所未有的方式被分类，市场研究也比以往更为精细。但不变的是，商家仍然很容易在目标定位上犯下严重错误。企业通常更加了解自己而不是其发展前景以及他们的顾客。我们生活在一个个性化的一对一营销和“大数据”的时代，在这个时代，我们面临着被大量信息淹没的风险。这里的风险在于，营销人员最终会根据数据范围制定策略，而这些数据如果过于宽泛就会显得毫无意义，过于狭窄则会没有任何商业可行性。目标市场的选择应该永远真实可靠。一旦目标市场被确定，就不能用任何借口去冒犯或迷惑目标顾客。否则，你便会得到用海绵猴来困扰美国中产阶级、让法国消费者在希腊酸奶中寻找美容效果或敷衍英国女人的女性啤酒那样的下场。

口是心非的伙伴——从落败的英雄到不合适的协作

在艰难的环法自行车比赛中，兰斯·阿姆斯特朗（Lance Armstrong）可以忍受因在柏油碎石路面上打滑碰撞而造成的严重擦伤。但是，从自行车上摔下来给这个得克萨斯人造成的伤害根本算不上什么，他对几年来谣言中服用兴奋剂作弊的事予以承认才让他魅力尽失。他毫无颜面地被剥夺了无人匹敌的7个环法自行车赛的冠军头衔，但即使在奥普拉脱口秀中进行忏悔式的道歉时，他也缺乏坦率的态度。耐克、Trek Cycles、RadioShack和能量食品品牌Honey Stinger等赞助商不可避免地对他弃之而去。曾经，阿姆斯特朗是自行车比赛中身着黄色领骑衫而受大家喜爱的人，这位癌症康复后以惊人的赛车事迹表现出钢铁般意志的团队领导者，只有他史诗般的吸金能力才能与他的名气相匹配。而现在他像是一件被损坏了的货物；他的面孔与著名品牌联系在一起时，充满了污点和太多负面的内容。

阿姆斯特朗事件及其他几例兴奋剂事件一同导致荷兰拉博银行车队（Rabobank）退出了环法自行车赛。17年来，拉博银行一直都是这个赛事的主要赞助商。尽管拉博银行即刻终止了冠名赞助，但是直到第100届环法自行车比赛前夕贝尔金公司（Belkin）作为新的冠军赞助商加入进来之前，它还是履行了与荷兰专业车队所签订的赞助合同，允许车手在2013年初作为非品牌商Blanco Pro车队的一部分参加比赛。

我是这项运动的忠实粉丝，所以自行车赛事滥用药物的问题使我感到很难过——特别是对于那些在日常艰辛训练中牺牲许多的清白的运动员来说，被怀疑作弊是不公平的。2013年的环法自行车赛冠军克里斯·弗洛梅（Chris Froome）在三周比赛期间，每天都要应付体育媒体界有关兴奋剂的问题，虽然他表示理解，但这显然是令人心烦的。在后阿姆斯特朗时代，自行车赛事已经采用了更为严格的反兴奋剂措施。因此我们有理由认为，现在的环法自行车赛与过去相比是一项更为清白的运动。由于环法、环西班牙和环意大利自行车赛是世界上最棒的体育赛事之一，这些赛事也为企业提供了绝佳的营销机会。

2009年，在泰格·伍兹（Tiger Woods）的婚外恋事件被爆出后不久，美国电话电报公司（AT＆T）、埃森哲和其他品牌为了不让自己的良好声誉遭受这种公开丑行带来的损害，都选择终止与这位高尔夫球巨星的赞助合同。但耐克（Nike）依然支持伍兹，他们认为他的私生活问题与其体育表现无关，但对短跑运动员马里恩·琼斯（Marion Jones）和贾斯汀·加特林（Justin Gatlin）却不那么宽容，因为他们像阿姆斯特朗一样，由于受到兴奋剂丑闻的纠缠而使其运动成就遭到怀疑。

处理争议一直是耐克反复出现的话题。2007年，因国家橄榄球联盟（NFL）明星四分卫亚特兰大猎鹰队的迈克尔·维克（Michael Vick）参与非法斗狗赌博并服刑，耐克便终止了与他的赞助合同。维克在监狱中服刑了20个月，但他刑满释放后便成功重返国家橄榄球联盟，并为新球队费城老鹰效力。2011年，耐克与他重签赞助协议，耐克公司告诉美国有线电视新闻网（CNN）说：“他在场外积极的变化成就了更好的自己，我们对此表示支持。”2013年2月，当奥斯卡·皮斯托利斯（Oscar Pistorius）因谋杀罪被捕时，这家运动装备制造商不得不以闪电般的速度与此脱离干系。该公司在南非残奥会网站上播放的广告标题是“我是枪膛内的子弹”，依据对皮斯托利斯的指控，这个广告突然变得完全不合时宜，并被立即删除了。

赞助商和名人的合作伙伴关系可以是一种使品牌提高形象、激发兴趣和获得荣誉的极为有效的方式。但是，如果发生丑闻或者这种关系变质了，就会导致严重的问题。这里还有更多结果是具有明显缺点的合作关系。

● 汽车保险公司丘吉尔（Churchill）已经两次将其电视广告中的喜剧演员给撤换下来了，因为他们都受到了驾驶禁令的处罚。维克·里弗斯（Vic Reeves）2005年因酒驾而受到处罚，马丁·科伦斯（Martin Clunes）2012年因多次超速驾驶而被吊销驾照。对于一家以优惠保费奖励安全驾驶人的公司来说，这些都是不可理喻的举动。然而，科伦斯却不这么认为，他在2013年接受《无线电时报》的采访时抱怨道："我很惊讶他们的反应，这种反应是神经质的和粗暴的，实际上相当粗鲁，他们连再见也不说，也从来没有说过谢谢。"难道要谢谢你拿我们的钱，然后又让我们陷入尴尬吗?

● 当德国领先的家禽品牌商维斯豪弗（Wiesenhof）2012年8月宣布为云达不莱梅足球俱乐部（Werder Bremen）提供两年的衬衫赞助时，这使得该德甲足球俱乐部的"环境大使"、著名绿党政客兼名人粉丝尤尔根·特利汀（Jürgen Trittin）辞职，以抗议这家新赞助商工厂化养殖的做法。在给云达不莱梅主席克劳斯-迪特·费舍尔（Klaus-Dieter Fischer）的辞职信中，特利汀向这位吸引了大量媒体报道的主席概述了自己的观点，他认为密集的大规模动物养殖对环境具有危险，并用译为"云达不莱梅会永存，但维斯豪弗却不会"的一句话做出总结。赞助引起的公众骚动之后则是球场上一个不成功的赛季。

● 1988年，为啤酒商米狮龙（Michelob）制作的一档美国电视栏目由摇滚吉他传奇人物埃里克·克莱普顿（Eric Clapton）担任主角。尽管广告的配乐非常出色，但考虑到克拉普顿常年与酗酒做抗争并在10年前进入过戒酒所，所以他并非出任该品牌大使的好人选。自那以后，克莱普顿就在安提瓜的加勒比岛上建立了针对酒精和毒品成瘾的十字路治疗中心。

● 2012年9月，丹麦闻名于世的蒂沃利花园娱乐中心宣布，哥本哈根皮草公司将是其为期3年的圣诞节官方合作伙伴。作为合作的一部分，该休闲胜地要开设一家销售皮草服装的商店。哥本哈根皮草公司首席执行官托本·尼尔森（Torben Nielsen）在合作新闻发布会上说："这是一个完美的陈列馆，在这里我们可以展示为什么丹麦貂农是世界的精英。"反皮草活动者在2012年圣诞节的开幕之夜进行了示威活动，他们在公园大门外举起手电筒，并发起在线请愿书，呼吁解散这种合伙关系。

● 流行乐团"原子小猫"（Atomic Kitten）的主唱兼电视真人秀明星凯利·卡托纳（Kerry Katona），在舞台之外的个人生活几度起伏。2008年，由于不能支付税单，她被伦敦高等法院宣布破产。鉴于卡托纳众所周知的资金问题，发薪日贷款公司PDB（在业界被称为现金女士）断定，卡托纳将是其品牌的理想代言人，因为该公司的许多客户都有其自身的经济问题，能够与卡托纳联系起来。于是，卡托纳便适时地出现在电视广告中，其口号就是"快速取现，为快节奏生活"。2013年5月，在收到30起有关该广告的投诉之后，广告标准管理局（ASA）禁播了广告，认为该广告不负责任，推断该公司利用卡托纳的名人身份，可能会导致一些弱势群体相信，高利息的发薪日贷款可以为富人和名人所享受的奢侈生活提供资金。卡托纳最终由于2013年7月的第二次破产而被该公司放弃合作。

英飞凌公司选错了方向

1999年，德国工程与电子行业的巨头西门子将其半导体业务剥离出来并形成一个全新的公司，名为“英飞凌技术公司”（Infineon Technologies）。2000年，在其上市期间，英飞凌的首席执行官乌利齐·舒马赫（Ulrich Schumacher）穿着赛车服，开着一辆保时捷赛车沿着华尔街行驶，以宣传公司在证券交易所上市。这一行为有那么一点意思，此举是对与这位CEO同名的一级方程式多项世界冠军迈克尔·舒马赫（Michael Schumacher）的致敬，但其主要目的在于通过这样的炒作来预热公司的上市宣传活动。这位CEO是一个赛车运动的狂热爱好者，在他的办公室甚至还摆放着一部旧的保时捷发动机，他还劝说赛车传奇人物马里奥·安德烈蒂（Mario Andretti）到纽约证券交易所进行表演。舒马赫决心让公司在汽车运动方面涉足更深，并于2002年监督签署了一份赞助协议，将利福尼亚州的索诺玛赛道——一条举办美国赛车协会（NASCAR）和印地赛车（IndyCar）赛事的赛道——改名为英飞凌赛道。虽然英飞凌为汽车行业提供芯片，但对一家期望在B2B市场上有所表现但又没有经验的技术公司来说，这是一个糟糕的选择。赛车迷们绝不是公司的主要受众。2004年3月，舒马赫被英飞凌的董事会赶下台，当年晚些时候，在德国运营博森-马斯特勒（Burson-Marsteller）公司的雷纳·韦斯特曼（Rainer Westermann）被挖了过来，担任英飞凌的副总裁、通信官，负责营销传播、品牌宣传、公共关系和赞助等工作。他就职后所了解的内容让他大吃一惊。

“几年来公司一直赔钱，但仍然大力赞助赛车活动。公司签署合同重新命名索诺玛赛道，并有权以英飞凌的标志来制造与活动相关的用品。不久之后，该品牌就与赛道而非公司业务联系在一起。当我们的员工在美国边境被问及为谁工作时，他们从移民工作人员那里得知的回答毫无悬念地是‘NASCAR’。甚至在《华尔街日报》上也刊登了一则消息，‘英飞凌在投资组合中增加了新的赛道’。在一个旨在说服我继续这项投资的演讲稿中，赛道管理层认为他们产生了2500万美元的广告等价物。我的回答是，这正是问题的一部分，因为英飞凌每年在美国的营销传播预算还不到200万美元。”

雷纳·韦斯特曼，英飞凌公司副总裁、通信官

英飞凌的营销信息正在被加强马力的引擎声所淹没，并被赛车迷的热情所扭曲。

“当我成为通信负责人时，赛车赞助是英飞凌的一个不利因素，因为存在着对高管人员个人利益与单边交易的指控。在我任职的第一年中，我们就失去了一个执行董事会成员，他向警方承认了受贿的罪行，即运用职权向比赛筹办人承诺对赛事进行赞助。赛车赞助成为英飞凌所有麻烦的象征，并且使我们为摆脱合同义务付出了巨大代价。”

对领导者来说，获得有吸引力的赞助机会简单而不易拒绝。优秀的运动员和现代体育运动的宏伟巨制具有不可否认的吸引力。然而，在精明的商业世界中，接受这种诱惑的唯一理由就是，它们可以提供完全符合品牌形象和公司目标的营销利益。

窍门和教训

● 明确你的受众群体以及产品在市场中的位置——市场细分、设定目标和定位是营销最佳实践的基础。

● 市场缺口可能表示存在机会，但缺口也可能会继续存在，因为无法保证能填充这一缺口。要始终确保产品有真正的需求。

● 不要屈尊俯就你的消费者。

● 注意正确地规划你的分销策略和广告媒介，以便使你的产品看起来更有优势，并借助最少的广告信息来命中你的目标受众。

● 将公司品牌声誉绑定到某个明星的身上是有风险的。如果这些明星发生作弊、犯罪、不忠或其他不明智的行为，他们就会损害公司的品牌。

第九章

Chapter 09

变幻莫测的品牌扩张

愚蠢的品牌延伸行为和疯狂的种类变化

为了能够恰到好处地延伸品牌，从逻辑上来说，就必须让目标市场注意到这一点。消费者群体的反应应该是“啊！就应该是这样的！”，或者更加理想的反应应该是“早就应该这么做了！”。宠物食品品牌拉姆斯（Iam’s）就将其品牌范围延伸到了宠物保险市场。尽管食品生产和金融服务二者是完全不同的两种商业类型，可是对于大众而言，从动物营养品市场迈到动物卫生安全市场的行为算是一种品牌延伸行为，但是只能算得上是很小的一步。最重要的是，这一步并没有将拉姆斯品牌的核心价值置于危险之中。试想，相较而言，如果拉姆斯将其品牌延伸到房屋按揭保护的市场，那么后果可想而知。这也是一种保险产品；但是这种保险产品对其品牌不利——除非人们开始为他们的宠物购置宫殿般的窝而向银行按揭贷款。

事实上，拉姆斯涉足贷款领域的行为与瓶装水品牌依云（Evian）进入女士内衣市场的行为一样，在逻辑上是说得通的。依云已经这么做了，而且进入的市场并不仅仅是普通的内衣市场。依云短命的文胸在比基尼上面设计了一个装有依云水的口袋，可以想象，就是为了让胸部能够感到凉爽。事实就是如此！你可以听听他们是如何解释其行为的。“我们是一个做瓶装水的品牌，而我们做的创意文胸很好地利用了我们自己的品牌优势。”但是水一直以来是一个很普通的主题，这样做出来的噱头在大众眼里会降低而非提升自己的品牌。依云在这件事上栽了跟头。应该有人给想出这个创意的人泼泼冷水了。

被网络暴民纠缠——卡夫公司的维奇酱小吃遭受攻击

先做一个小测试。从下列选项中选出不同的一项：iMac，iPod，iPhone，iPad，iSnack2.0。不出意外的话，你知道肯定会选最后一项。即使你不知道你选出的那个选项是什么，你也可以通过排除法选出最后一个选项，因为苹果在高科技消费中的卓越表现意味着苹果的产品闻名世界。但是，到底什么是爱小吃（iSnack）2.0呢？对我而言，这听起来像是一个U盘驱动的自动取糖机。你可以通过这个装置将资料同步到苹果的应用，当你的音乐播放清单上的特定歌曲开始播放的时候，就会跳出来美味的糖果。但是，事实却不是这样的——相比而言，这个产品简直就是一个奇葩。如果说爱小吃2.0其实就是一罐食品，你会不会觉得很惊讶？不止如此，这还是代表民族认同感的食品新品种。爱小吃2.0的发布为我们提供了一个警示录，在命名一个由品牌延伸出来的新产品时，如何才能不与可食用的国家财富联系在一起。

而那个国家财富就是维奇酱（Vegemite），它是用浓缩的酵母膏制作而成的。维奇酱曾经在澳大利亚风靡90年，并在澳大利亚经典——在国际热播剧《职场四少》的主题曲《澳洲》中被提及。尽管维奇酱具有标志性的地位，但其销量还是在不断下降，而且品牌的股本也在贬值。维奇酱的所有者——卡夫食品公司（Kraft Foods）一度曾理所当然地享受维奇酱所带来的名气，但是之后维奇酱便开始逐渐失去消费者的喜爱。卡夫公司澳大利亚和新西兰地区的公司主管西蒙·塔尔波特（Simon Talbot）意识到，他们需要一些营销创意，于是便开始让品牌团队为此而努力。

将维奇酱和卡夫旗下的另一种标志性品牌——费城奶油芝士进行混合从而延伸其产品线，通过大量的社交媒体对品牌形象进行分析就能发现这种做法具有市场空间。其实，在市场中早就出现了用维奇酱和奶酪制成的起司面包——夹着奶酪和维奇酱的面包——这在澳大利亚和新西兰地区的面包店里随处可见。调查发现，消费者在忙碌时喜欢那些吃起来很方便，并且可以蘸一蘸或者从瓶子里倒出来的食品。随着澳大利亚文化多元化发展，越来越多在国外出生的消费者都不懂得维奇酱的文化内涵。卡夫集团通过扩大维奇酱的产品范围，制造出一种新口味的食品，想要吸引来自各种文化背景的年轻人群体。同时，卡夫集团也希望制造出一种适合一整天都能享用的食品，因为最初发明的维奇酱只能用于早餐时间段食用。一旦卡夫集团把食品制造出来，就需要对其进行命名，而起司面包这一名称已经被用作澳大利亚面包连锁集团欢乐烘焙的商标了。因此，塔尔波特和他的团队打算通过向澳大利亚人民公开征集对该款食品的名称，来为其食品的推出造势。

2009年7月，维奇酱和奶油干酪的混合灌装产品开始在各大商店上架，商家许诺会给消费者带来一种“美味的、不同凡响的维奇酱体验”。在维奇酱和卡夫的商标下方是一个空白的标签，呼吁消费者对其命名。大概有48 000名澳大利亚人和新西兰人热心地提交了他们的建议，卡夫集团承诺将给获胜者提供现金大奖。几个星期过去了，民众纷纷对最终结果进行猜测。在此期间，这个没有名称的品牌市场扩张的业绩不错，在一个月之内卖出了大概100万罐——对于一个只有2200万消费者的市场而言，这是一个很不错的成绩。为了增加该产品的热度，卡夫集团还专门为其在澳式足球联盟总决赛展品区的中心位置预定了一个高价广告位，来最终揭晓产品的名称，并于广告播出之前在体育馆内向观众公布。正如我们所知道的，卡夫集团营销团队选择的，或者董事会全票通过的这个产品名称就是爱小吃2.0。之所以选择这个名称是因为其暗合创新，当然也是为了能够沾沾苹果产品的光。

然而，消费者的反响却是十分糟糕的。人们本来以为这只是一场恶作剧，很多人以为该产品真正的名称在接下来的一天就会公布。当意识到这不是一场恶作剧时，维奇酱的忠实粉丝们开始在社交媒体上发声，以表达他们的气愤。他们发布了成千上万的推文，讽刺这一被选出来的名称，至少有12个脸书群公开反对爱小吃 2.0。创造该名称的是一名来自于珀斯的27岁平面设计师迪恩·罗宾斯（Dean Robbins），他也因此在网络上受到人身攻击。正如英国广播公司亚太地区新闻所报道的，一名愤怒的维奇酱粉丝说："应该让罗宾斯什么都不穿，全身涂满维奇酱在悉尼大街上奔跑，作为他对澳大利亚文化所犯下罪行的惩罚。"越来越多的人开始针对罗宾斯个人进行攻击，卡夫集团为求安全，偷偷地把罗宾斯和他的家人送去巴厘岛度假。媒体对此事进行了大范围的报道，来自社交媒体的谩骂源源不断。卡夫集团不得不在以下方面做出决定，即公司是否能够经得住此次舆论风暴，是否要马上改名，或者让大众重新选择一个新名称。3

天之后，卡夫集团做出决定，继续为爱小吃2.0这个名称辩护很不值得，因此选择了后者。

“我们处于被锁定的状态，媒体一直都在关注这件事。所以，我们选择将对该产品的命名创新交给大众。我们为此立刻建立了一个网站，并且在5天之内收到了50 000次消费者的投票。他们选择了起司面包这个名称。而最大的讽刺在于，我们已经卖掉了300万罐产品，这是澳大利亚有史以来卖得最好的产品，甚至超过了零度可乐。当我们宣布改名的时候，人们马上去买爱小吃2.0，因为这款产品很快要成为过去式了。因此，很多人以为这从一开始就是一个噱头，是一次历史上最具水平的、精心策划的公关宣传。但是，事实不是这样的。我们生产的新维奇酱对澳大利亚国民造成的恐惧，让我们停止了消费者测试；这是一次错误。我们唯一做对的一件事就是，快速地以适合该民族产品的方式做出了回应：让大众做出选择。”

西蒙·塔尔波特（Simon Talbot），
卡夫集团澳大利亚和新西兰公司事务主管

当再次要求消费者做出选择时，卡夫集团只提供了6个名称选项——有些是最初得票数较高的选项。最终证明，维奇酱起司面包稳稳地获得了胜利，得票数占总票数的36%，领先第二名顺滑维奇酱23%的票数。卡夫集团在发起第二次投票时，表现出了应有的谦虚，在其网站上使用了一些包容性的词汇，如“请您说”和“我们将聆听您的意见，接受您的反馈”。此处，需要澄清的一点是，维奇酱的地位相当于国宝，这意味着公众对该品牌享有真正意义上的所有权。

但是，卡夫集团遭遇的问题不仅仅只是对维奇酱品牌的国内名誉进行管理维护的问题。国际范围内的公司名誉问题也是其需要考虑的。2009年9月7日，卡夫集团向吉百利公司发出价值100亿美元的收购请求，但是很快就被吉百利公司董事会拒绝了。在发生爱小吃2.0事件的时候，当时卡夫集团的高管正在准备对英国糖果集团——吉百利的恶意收购。鉴于爱小吃2.0事件成为了一个笑柄，很多人都在质疑卡夫管理层的可信度和判断力。这种情况下，就要求其能够尽快做出决断，以免破坏了卡夫的收购计划。

幸好，品牌延伸产品的重新命名稳住了局势。而爱小吃2.0的罐子一时间成为了炙手可热的收藏品，当产品以起司面包的名称再一次上架时，其销量仍然不错。而且新产品也完全没有冲击到原来维奇酱的销路。事实上，情况正好相反。维奇酱之前减少的销量又开始增加，全民都对5%的销量上涨做出了贡献。

时至今日，塔尔波特仍然在卡夫集团就职——尽管在后吉百利收购时代，在公司全新推出的保护伞品牌蒙迪黎姿（Mondelez）的庇佑下，现在卡夫集团在澳大利亚的生意已经越做越大，已经不是爱小吃2.0的时代了。而关于爱小吃2.0最有趣的一点是，尽管其臭名昭著，但却是一次很好的产品革新。此次事件背后表现出的洞察力是正确的，正如销量所示，这一口味是很受消费者欢迎的。应该肯定的是，卡夫集团一直以来在澳大利亚和新西兰地区都是很注重产品革新的——有时候革新是成功的，有时候也可能不那么成功。2011年，公司发布了“我的第一罐维奇酱”产品，这是一种低盐的、口味比较清淡的维奇酱，目标群体是孩子。尽管在一开始颇受好评，但是最终的销量不是那么尽如人意，在2012年公司便停止了该产品的销售。

回顾过去，塔尔波特承认卡夫集团发起的这个命名比赛（第一次）没有选择最受欢迎的那个名称作为赢家是一个错误。这样的行为会激起公众的不满并不奇怪。塔尔波特懊悔地说："我们正面迎击了世界上第一次网络暴力。"

所以，不要对爱小吃3.0这一名称的出现抱太大希望。

宝贝，你是单身吗？嘉宝踏上了一条不成熟的路

如果在20世纪70年代的时候就出现了社交媒体的话，毫无疑问嘉宝（Gerber）也必将成为网络暴力的受害者。1974年，该婴儿食品生产商想要将其品牌扩张到成人食品市场。但是他们呈现给消费者的食品看上去却像是婴儿专用的。嘉宝的市场营销策略是吸引大学生群体和其他吃简餐的单身成年人。其实，如果你想想之后的产品例如方便面所取得的成绩，就会明白这个想法其实是蕴含着很大商机的。然而，嘉宝却没有想清楚成年人到底喜欢什么样子的东西。

将地中海蔬菜、牛肉和蓝莓搅拌在一起，这种介于咸甜之间口味的东西就是嘉宝的"单身食品"，然后公司将该食品用类似于嘉宝婴儿食品的包装放入罐中出售。罐中的东西看上去和婴儿食品也很类似：让我们一起齐呼万岁来迎接水果泥！不出所料，美国人对这种婴儿式食品的反响低迷。独自用勺子把罐子中黏糊糊的食物挖出来并不是一种愉悦的美食体验，而且这也不能挽回一点个人的自尊心。这种食品给人一种不安的，而且说实话是有点古怪的感觉，尤其是它的名字——嘉宝单身汉，让人觉得这就是给单身汉的婴儿食品。正如20世纪50年代香烟品牌斯特兰德学到的教训一样，将一种产品和孤单联系起来就注定会失败。通过这件事之后，嘉宝单身汉再也没有机会进入成年人食品市场了。如果说这件事有什么历史价值的话，那我觉得应该

是为艾瑞克·卡门（Eric Carmen）在1975年创作的强力民谣《孤单一人》提供了一点灵感吧。尽管当年海湾城摇滚者的《再见，宝贝！》可能更加有名。

把上一年的流行歌曲放在一边，嘉宝之所以会失败，原因是其希望在现有产品和知识（罐装婴儿食品）的基础上对其品牌进行延伸，而不去考虑成年消费者市场所真正热衷的需求。最终，嘉宝发现自己全新推出的产品将目标对准了一个极狭窄而又不切实际的市场：发展受阻的单身人士。

古怪的跨类别跳跃

从一种产品类别跳跃到另一种产品类别，对于品牌而言这是非常具有挑战性的。很多母品牌，如维珍、通用以及迪士尼都证明了跨类别扩展品牌也能获得成功。但这些毕竟只是少数。将一个有名气的品牌投入到一个全新的市场里是有一定吸引力的，因为人们对其名称和已经建立的品牌价值都是认可的，有助于产品在新市场里的发展。最著名的跨类别品牌扩张是卡特彼勒（Caterpillar）的服装生产线。消费者之所以能够接受这样的扩张行为，原因在于粗糙的工作服的概念和建筑、采矿机械公司坚硬耐用的设备是可以联系在一起的。其他跨类别的延伸就显得不那么顺畅了。这里有一些例子。

- 1982年，牙膏品牌高露洁开发了冰冻现成餐的生意。高露洁厨房的餐饮失败了。很明显，消费者在食品和牙医之间能够看到某种联系，将薄荷味的牙膏和他们的晚餐联系在一起，让消费者觉得这样的食品难以下咽。下一个产品又会是什么呢？棉花糖，还是其他什么东西？

● 汗津津的牛仔布，引擎油，古老的羽毛。这就是我所能想象的一个摩托车手的味道。在20世纪90年代推出香水的摩托车制造商哈雷·戴维森（Harley Davidson）却不是这么想的。钟爱哈雷摩托车力量、坚硬和款式的哈雷机车的真爱粉，觉得他们无法将这款香水与他们印象中的品牌形象联系在一起，是一次严重的“跑题”行为。破坏了一个品牌的本质就像是不小心辱骂了一群地狱天使。哈雷品牌的神秘感在于其机械；哈雷摩托车引擎独有的、深沉的隆隆声，与小巧精致的香水根本不是一回事。香水以及其他与品牌无关的扩张行为，就像醒酒器，其消失的速度比一头公猪在高速公路上奔向落日的速度还要快。据说，香奈儿五号香水曾经是变速器润滑剂。哈雷·戴维森本应该是一个很容易扩张的品牌，因为其名气非常大，但是即便是该品牌的摩托车，也不是可以到达任何地方。

● 吻我干酪味的嘴唇！听上去有点扫兴。显而易见的是，干酪小吃品牌奇多（Cheetos）2005年已经和护唇产品公司罗塔合并了，而且推出了一款干酪味的唇油。“危险的干酪味”在包装上标着警告的符号。消费者注意到了这一警告，小心地涂在他们的嘴唇上，更重要的是，涂在了他们的舌头上。正如蒙特里杰克（Monterey Jack）奶酪剃须膏或者帕玛尔（Parmesan）干酪沐浴乳，让我们不禁……

● ……伊卡璐（Clairot）的酸奶味洗发露。这款1979年推出的洗发露没有赢得多疑的消费者的青睐，他们并不喜欢用酸奶来洗头发。据报道，不少困惑的人们甚至还尝试着食用酸奶味的洗发水。今天的消费者能够接受酸奶作为洗发露的一种成分，抚平毛糙。但是在20世纪70年代，大众没有这方面的知识，面对这样的洗发露非常不知所措，也不愿意在他们的浴室看见这样的洗发露。

● 在伊卡璐事件发生20年后，服装杂志《大都会》发现，把其他品牌与酸奶联系在一起会让人觉得很奇怪。在1999年推出的保质期很短的低脂酸奶，其特色是具有蜜桃和樱桃两种口味。尽管惹火的赫斯特女性杂志标榜要不时而有创意地在卧室中享受酸奶，但这对于该品牌用酸奶产品进行推广而言是远远不够的。

● 餐饮业和酒店业是天然相伴的：酒店的顾客需要食物。所以，一个餐饮公司考虑进入酒店领域是非常合理的商业计划。但是，如果这个餐饮公司是麦当劳的话，那就另当别论了。众所周知，麦当劳给人们的印象是一个全球知名的速食供应商。2011年，麦当劳在瑞士开办了两家黄金拱门酒店，一处在苏黎世机场，另一处在洛桑和伯尔尼中间的卢利。这些四星级酒店的装潢采用的是颜色鲜明的斯巴达风格，并以麦当劳餐厅24小时开放为卖点，但这对于嗜睡的瑞士而言却是很罕见的。除了其餐饮方面的专业知识之外，麦当劳当然还有很多其他能够用于酒店业的实用技能；你可以想象一家精通于提供免下车服务的餐饮公司一定也能为顾客提供快速的退房服务。但是问问你自己，商务旅客是否会希望在疲累的一天结束的时候选择住在一个能够让人想起麦当劳或者快乐套餐的酒店里？麦当劳进军酒店业以失败告终，开业两年便关门大吉。地点当然不是问题的关键——雷德森连锁酒店（Radisson Chain）对苏黎世机场和卢利的两家酒店进行重新设计，作为花园酒店，在近几年就运作得非常成功。尽管麦当劳有运作的能力，但是其品牌形象不适合酒店业。而且如果他们想要吸引在瑞士的那些说德语的人（酒店的名字在德语中听上去像屁股的发音），则酒店的生意可能只会雪上加霜。

● 发家于19世纪70年代科罗拉多地区的康胜啤酒公司（Coors）称，其淡啤酒是用落基山脉的泉水酿造而成的。1990年，康胜曾试图进一步挖掘这纯净泉水的价值，推出了瓶装的起泡水，口味有原味、柠檬味、橙味和樱桃味，并将其著名的康胜商标放在包装显著的位置上。一百多年来，美国人都认为康胜是一种啤酒品牌，这么一来，他们感到很困惑。由于销路不好，康胜最终从水市场中退了出去。

当更多即为更少时——佳洁士和奇巧跨越了界限

在美国心理学家巴利·施瓦茨（Barry Schwartz）2004出版的著作《潘多拉的选择：更多等于更少》中，他提出了一个很有说服力的论据：过多的选择将引发焦虑。施瓦茨公然反对认为选择都是好的传统观点，表明当选择过多时，抉择会让消费者感到畏惧。有些人买了一种产品之后，可能会质疑自己是否做出了正确的选择，而其他人可能由于做不出选择而根本不买。持有这种观点的不止施瓦茨一个人，其他的心理学家也在“选择过载”和“消费者过多选择”领域进行了研究。

施瓦茨发表的这篇论文向市场营销者提出了一些有趣的问题。在手持移动电话和其他高科技设备领域，产品的营销常常关注于其相比于竞争产品或者之前的产品拥有更多或者更好的功能。但是，对于大多数消费者而言，牺牲产品那些不重要的功能、提高使用的便捷度才是更好的选择。品牌在延伸时，选择过载也可能是个问题。据食品行销协会的调研，美国各地的超市一般都会有大概15 000 ~ 60 000种不同的产品（指的是食品生意中的库存单位）。在面对如此庞大数量的产品时，购物者必然需要进行选择。品牌所有者不经意的产品扩张行为可能使得消费者难以做出决定，从而降低自己的产品销量。

保洁公司的牙膏品牌佳洁士（Crest）就是例证。1980年，保洁公司将牙膏的生产线扩张到了极致，呈现给消费者的是过量的各种口味和各具特色的牙膏产品的选择，其功能从控制牙垢到增白再到保护牙龈再到其他。最愚蠢的是，市面上的佳洁士牙膏出现了52种选择，种类比牙刷还要多。如此多的选择使得消费者难以决定哪个才是最适合自己的。马特·海格（Matt Haig）在他的著作《品牌失败》中写道：“当佳洁士只有一种产品的时候，其市场占有份额超过50%，而当佳洁士拥有38种产品时，其市场份额就只达到了36%。一旦其产品超过50种，其市场份额就跌到了25%，落在了高露洁的后面。”

雀巢在进入英国市场扩张其奇巧巧克力——用巧克力包裹的威化饼干时，也发现选择过载可能会导致市场份额下跌。20世纪30年代，雀巢推出了奇巧巧克力，几十年来在英国这都是销量最好的巧克力棒——其家喻户晓的口号“休息一下，吃根奇巧”是1958年智威汤逊广告公司（JWT）的唐纳德·吉利斯（Donald Gillies）想出来的，至今仍被使用。1999年，由于销量开始下降，雀巢推出了奇巧厚涂层威化巧克力饼干来扩张其品牌，并在开始起到了促进销量的作用。受到此次积极成效的鼓舞，公司决定在2003～2005年期间推出一系列奇巧新口味。喜欢甜品的消费者可以尝试下列口味的奇巧巧克力：血橙味、圣诞布丁味、黑巧克力味、橙汁味、红梅味、草莓奶油味、塞尔维亚橙味、芒果百香果味、白巧克力味、柠檬味和酸奶味。很多口味并没有受到欢迎，正如佳洁士那样，消费者面对那么多的选择变得不知所措。有些甚至抱怨说，口味太多，以至于他们找不到他们最喜欢的原味奇巧巧克力棒了。

生产各种口味的巧克力棒所需的成本不是很高——无须重新更换生产线的装备；只需要更换一下配方就可以了——但是这一行为给品牌带来了巨额的损失。正如2006年7月《华尔街杂志》的标题为“奇巧的口味新体验让雀巢获得差评”一文所报道的，奇巧在英国的销量两年内一落千丈，暴跌18%。像施瓦茨的潘多拉一样，太多的选择会损害整体的销量。大多数的新口味都不受欢迎，即使是忠实的奇巧巧克力棒粉丝也不喜欢。雀巢和其分销商发现，除非价格下降至成本价，否则根本卖不出去。批发集团百威的采购部主任艾尔沙德·乔德哈里（Arshad Chaudhary）告诉《华尔街杂志》:“它们像洪水般涌入市场。最初，我们觉得一种或者两种口味还不错，但是在短短几个月内，出现了一个接一个的口味，那就变成了一个笑话。”

听天由命吧，雀巢撤回了市场上几乎所有新奇口味的奇巧巧克力棒。从那之后，其在英国地区的品牌扩张行为就受到很大局限，制造出来的产品只能是之前已经出现的口味。

当消费者对一个已经存在的品牌怀有好感，并且认可其产品延伸方式的话，那么产品线延伸就是成功的。从一个市场营销者的角度来看，产品线延伸要比生产一种全新产品的风险低得多。不幸的是，每一次品牌延伸都会降低核心品牌的股本。过于频繁的品牌延伸或者不着边际的品牌延伸都会招致麻烦。

颇为讽刺的是，在英国之外的一些国家中，供应奇巧巧克力棒的时间不是很长，当地的消费者对于该品牌应该提供什么样的产品就不那么严格了，且完全是另一幅景象。诸如在德国这样的市场内，有些新奇的口味广受欢迎。但是在日本这样一个偏好革新的国家——出现过在其他国家可能不常见甚至奇怪的东西——却是完全相反的情况。向日本的年轻消费者提供新奇口味的食品和专供版食品，雀巢在这片太阳升起的土地上生产出了200多种口味的奇巧巧克力，这些产品很多都是限时供应，有些甚至只供应某些地区。其中一些诡异的口味包括酱油味、绿茶味、姜汁味、豆酱味、蓝莓芝士蛋糕味、柠檬醋味、烤玉米味、卡蒙伯尔奶酪味、芥末味和红土豆味。相信我，这不是我编造出来的——我还能继续列举，但是我的味蕾在尖叫，让我不要再说下去了。这证明雀巢善于利用日本人对收集的喜爱。此外，在日本，奇巧巧克力棒一般会被作为礼物送人，而不仅仅是饥饿时补充能量的小零食。在这方面，语言上的怪异起到了很大的助力。奇巧的读音在日语里像是“当然获胜”的发音。这个词常常用于祝福考生通过考试；因此，在日本，奇巧巧克力会被作为幸运的礼物。

对于奇巧巧克力棒而言，在日本和英国的成功需要两种完全不同的营销策略。在日本，更多确实代表更多——不仅仅是种类上的多，能够帮助日本的消费者找到他们喜爱的新奇食品，而且奇巧的象征意义不只是最受喜爱的小食。相反地，在英国的销售则证明，正如其他很多市场一样，为同一产品制造出多种口味常常会导致销量的下跌。“当然获胜”是一个很可爱的词汇。但是，在品牌延伸领域，这样的事情不是天天都有。

窍门和教训

● 是否真的有必要对产品线进行延伸？开发一种新产品是否会产生更好的效果？

● 过多的产品线延伸会造成消费者的困扰，而且对核心品牌也是不利的。

● 市场需求相比于生产难度而言，是开始品牌扩张更好的理由和出发点。

● 如果消费者发现你随意对待他们珍视的民族品牌，那么他们就会在社交媒体上对你实施网络暴力。

第十章

10 Chapter

迷失于翻译当中
跨文化困惑和国际犯罪

著名且搞怪的《巨蟒剧团》(Monty Python)叙述了一个围绕英语-匈牙利语常用语翻译手册展开的故事，约翰·克里斯(Jonh Cleese)在剧中扮演了一个身在伦敦的匈牙利游客，他试图用手册上的翻译与商店店主进行沟通。这一喜剧的灵感来源于现实生活，即词汇书中的常用语翻译根本不忠于原文。从毫无意义的“我的气垫船里面全都是鳗鱼”到彻彻底底的挑逗语言“你想回到我家吗，气垫床？”游客不知所云并且侮骂了店主。这就是一种跨文化的交际困境，该手册的出版造成了对文化交流的破坏和扭曲。

即使在没有破坏分子干预的情况下，当一个品牌进入一个新领域或者发起市场营销活动时，出错的概率也是很高的。文化敏感度、文字上细微的差别和当地的市场惯例都有造成麻烦的潜在可能性。但是，全球化鼓励各类品牌的所有者们顺应这一趋势，尤其是那些面临其国内市场已经饱和或者难以实现增长的企业。

毫无疑问，对于品牌而言，利用全球的精英来发展企业能带来很大回报。国际品牌咨询公司英特品牌集团发布的《2013年全球最佳品牌报告》显示，世界上最大的三个品牌——苹果、谷歌和可口可乐——市值均超过了790亿美元。单单苹果一家公司就超过了1000亿美元。即使是市值排名第100名的服装零售企业盖璞（Gap），也超过了40亿美元。全球流行品牌都赚得盆满钵满。但是，即使是顶级的全球品牌在跨越其本国文化领域时也还是会时不时地犯文化上或者语言上的错误，从而造成尴尬的局面；规模比较小的品牌在进入全球市场的过程中会发现，在市场营销方面，造成跨文化错误的风险是极大的。在文学翻译过程中，会遇到各种各样的问题。

传播不好的品牌名称

旅行能够开阔心胸，但并非每个人或者每个品牌都能够在这方面做得很出色。

● “迷雾”在德语里面的意思是肥料。所以，不难想象，爱尔兰迷雾（一种烈性甜酒）和迷雾手杖（伊卡璐的卷发棒）在说德语的市场里销路不佳。但是，在20世纪60年代，劳斯莱斯利用其灵活的敏感度保住了德国市场，在对其新款豪车选择名称时放弃了银色迷雾，转而选择了银色幻影。

● 尽管劳斯莱斯掉头以避免陷入尴尬境地，丰田也谨慎地调整了名称，在法国将MR2轿跑改为MR（否则用法语读起来像是“便便”），但还是有很多汽车公司对于其汽车名称的当地俚语读音所引发的问题不够敏感：比如福特斑马（巴西语——小阴茎）、三菱帕杰罗（西班牙语——手淫者）、丰田耶拉（波多黎各语——丑陋的老女人），这些汽车的名称不会是其所有者想要炫耀的。

● 其中最有名的汽车名称的例子要数在拉丁美洲地区推出的雪佛兰诺瓦（Chevy Nova），而“诺 瓦”（no va）在当地就是“不走”的意思。这一特征大概是汽车消费者最不想要的吧。这是一个美丽的错误。尽管当地人将这个奇怪的名称当作笑料，但是诺瓦（Nova）在当地的销量其实还算不错。这是因为虽然“诺瓦（Nova）”和“诺 瓦”（no va）写起来字母一样，但发音是完全不同的。而且“诺瓦”（nova）是一个常用语，在很多词汇中都有，例如巴萨诺瓦（bossa nova）。

● 宝洁药品维克斯（Vicks）为了能够在德国有销路改名为威客（Wick），因为前者在德语中读起来像是在骂人。纸巾品牌泡芙（Puffs）也遇到了相同的问题，不得不改名才能打入德国市场——泡芙在德国是妓院的俚语。

● 2009年，俄罗斯总统德米特里·梅德韦杰夫（Dmitry Medvedev）访问非洲时，骄傲地宣布由俄罗斯能源巨头天然气公司和尼日利亚国家石油公司建立合资公司。奇怪的是，对于这样的合资公司居然取了个听上去像是地痞流氓的名字：尼格札（Nigaz）。

● 日本旅游经销商近畿旅行（Kinki Nippon）在接到有关变态性行为之旅的请求后，在好几个市场上都改了名字。

● 舒味思汤力水（Schweppes Tonic Water）在意大利的营销活动彻底失败了。原因在于其产品名称被错误翻译为“舒味思马桶水”。但是，能源公司波尔根（Powergen）在意大利的子公司有一个很容易读错的网页域名的谣言则是没有事实根据的。那个域名（www.powergenitalia.com中powergenitalia可以分解为powergen italia或者power genitalia）确实存在，但是这个公司供应的产品与电力无关——除非你把“电力”这个词汇比喻成卧室床上的刺激和兴奋。

● 烹饪酱汁公司沙伟德（Sharwoods）在英国推出了一款新酱汁Bundh，并总共花费600万美元进行宣传。说旁遮普语的人则指出，在他们的语言中Bundh指的是“屁股”。

● 意大利矿物质水公司特拉菲坎特（Traficante）在西班牙地区有一群易惹麻烦的粉丝，因为在西班牙，特拉菲坎特指的是毒品贩子。

● 由于将其产品命名为“黑与褐”（Black & Tan），本&杰利公司（Ben & Jerry）（2006年推出冰激凌口味的啤酒）和耐克公司（2012年推出黑色和褐色的运动鞋）都不得不将产品召回，并且做出道歉。尽管本&杰利公司之所以这样命名，仅仅是为了说明其新产品是经典款的烈性黑啤和淡啤酒的混合饮料，但是对于很多爱尔兰的消费者而言，这个名字让他们想起了那个令人厌恶的英国非正规军队，这支军队在20世纪20年代初的爱尔兰独立战争中表现出不分青红皂白的暴行，从而使爱尔兰人闻风丧胆。

传播不佳的口号

● 20世纪70年代末，美国计算机公司王安（Wang）为了强调其对消费者服务的承诺，推出了一个新口号。但是，其英国的营销团队却极不愿意执行，原因在于“王安的服务”听上去的意思像是让消费者自己服务自己的感觉。

● 瑞典吸尘器品牌伊莱克斯（Electrolux）在20世纪60年代发

起过一次标语为“没有任何东西比伊莱克斯还要能吸尘”(但是此处却有一语双关的效果，也可以理解为伊莱克斯吸尘器比任何东西都要糟糕)的宣传活动。希望产品质量要比这个广告语所暗示的要好吧!

● 将其他国家的口号翻译成中文也是一种挑战。在中国台湾地区，百事可乐号召消费者“与百事一代激情飞舞”，但这一口号却被翻译成怪异而惊悚的“百事将让你们的祖先从坟墓中活过来”。还有一个著名的事件，20世纪20年代，当可口可乐进军中国市场的时候，它的品牌名称被翻译成超现实主义的“嚼蜡蝌蚪”。据说，这个错误还是可口可乐自己犯下的——其实是中国有些过于热切的老板为了推销可口可乐产品而产生的翻译错误。而20世纪80年代晚期，在肯德基进入中国大陆市场的时候，也把宣传其吮指鸡产品的口号翻译成“吃掉你的手指”。这真是太美味了!

● 派克笔在墨西哥进行宣传的时候，居然将西班牙语的“embarazar”当做英语中的“embarrass”来使用，可实际上这个西班牙单词的意思却是“使怀孕”，这样一来该公司在其广告语中承诺消费者的便是“派克笔不会在你的口袋里漏墨水，也不会使你怀孕”，从而让自己陷入十分尴尬的境地。很高兴能够知道这一点，当我在写作的时候，我相信自己是安全的，不会怀孕。

● 20世纪80年代，美国布兰尼夫(Braniff)航空公司在墨西哥的无线电广播和电视上做广告的时候，特意强调了其商务舱的皮革座位，播音员用西班牙语说的是“在皮革座位上享受飞行的旅途”，但是从扬声器里出来的声音听上去像是“裸身享受飞行旅途”。赤身裸体的高管或者高空俱乐部都不是布兰尼夫航空公司所想要传达的商务舱的形象——但是这一行为确实让其出名了。

打压德式英语潮——道格拉斯、施莱克和其他词汇困惑了德国人

你说法式英语吗？你说德式英语吗？还是说其他令人懊恼的支离破碎而又被稀释的英语？

英语作为商务语言的全球霸主地位给市场营销者们带来了很多绝好的机会。但是，当英语不是一个国家的通用语言时，在市场营销中使用英语就可能需要经过充分的考虑。有时候，效果可能很好，这种全球通用广告语可能对于跨境宣传很有帮助，还可能使产品或者品牌很有特色或者国际化。但是，从坏的一方面来说，消费者的接受度可能不是很好，他们有可能认为这样的行为是对自己国家语言和文化遗产的践踏，或者有可能就是没有明白广告所要表达的意思。很多其他国家的居民都会想，我们自己国家的语言已经够用，为什么还要用英语呢？

在2004年的德国，对于是否在广告中使用德式英语（Denglisch）引起很大争议——德式英语是一个复合词，通过将德语词Deutsch（德语）和Englisch（英语）组合而成，正如法式英语（Franglais）就是法语中“法语”和“英语”的两个词汇复合而成一样。德式英语也可以用来指在德语中英语表达和词汇的悄然崛起。同年5月，德国金融日报巨头《德国商报》联合其市场调查机构，共同发布了一个消费者调查研究报告。对国内最受欢迎的广告语，根据其是否容易被记忆进行了排名。当时，不少在德国市场上活跃的国内公司和国际公司都使用英语的广告宣传标语。然而，在《德国商报》的排名中，这些标语却没有一个位于前列。这也刚好与位于科隆的品牌咨询公司所得

出的调研结果一致。根据该公司的调研结果，德国的消费者常常都不怎么理解英语的口号所要表达的意思。

进一步的证据表明：根据多特蒙德的数据统计专家伊莎贝尔·基克（Isabel Kick）在2004年7月发布的数据统计结果，用德语做的广告要比英语做的广告更加有效。伊莎贝尔做了一个实验，将10个在德国很流行的广告口号播放给24名志愿者。其中5个口号是德语的，其他5个则是英语的。在志愿者听广告口号时，利用与测谎仪不同的皮肤电阻测试进行检测。她发现德语的口号能够引起志愿者更强烈的反应，表现出一种情感上的共通。英语的口号所引起的反应则比较弱，这表明对于英语口号的接受度不是很好，而且与德语相比，可能他们不是很理解英语的口号的意思。

很有趣的是，麦当劳在几个月之前也得出了相同的结论。2004年2月，麦当劳抛弃了其在德国使用多年的英语口号“每一刻都是好时光”，取而代之的是德语版的“我就喜欢”。根据德国新闻杂志《明镜周刊》发布的一个研究报告，在对麦当劳主要消费群体（14～59岁）的调查中发现，仅仅只有59%的消费者能够准确理解“每一刻都是好时光”的意思。对于这家汉堡连锁品牌而言，鉴于其已经在电视广告中使用这一口号很多年的事实，这是一个极低的比例。

其中有一个广告口号，在品牌咨询公司EndMark和伊莎贝尔的研究中都出现了，那就是“进来就会有所发现”，是德国主要的零售品牌道格拉斯（Douglas，专卖香水、书籍、珠宝首饰和糖果点心）所使用的。该品牌之所以使用这个口号是想要表达其商店提供了一条奇妙的产品发现之旅，但是很多德国人都把这个口号误解成“走进我们的商店寻找出口”，根本不是在我们的商店停留、试试我们的香水的意思；这个广告词相当于和消费者说了再见，而不是进来看看买点东西。鉴于媒体都在讨论这个口号的缺点，道格拉斯也注意到了这句口号当然是用德语写的。在2004年末，道格拉斯决定不再使用“进来就会有所发现”的广告语，用“道格拉斯，让生活变得更美好”取而代之。与此同时，很多其他的品牌也纷纷抛弃了原来用英语做的口号，其中就有德国国家航空公司德国汉莎航空公司，弃用了“飞行最好的选择”，改为德语版的“尽情享受此刻”。

尽管这对于德式英语的崛起是一种打击，但是这绝不是德式英语的溃败。正如很多到德国和其邻邦国家奥地利和瑞士的游客所见，在德国的广告中英语还是很常见的。很多调查研究也都证明了这一点。线上广告平台的一份报告列出了在德国广告中使用最多的前100个词汇，其中就包括英语中的“你的”和“你”——排在前10位。而英语单词“生活”“我们”“世界”“更多”“更好”“商业”“是”和“上面”都排在前50名。与此同时，Endmark公司在其2003年的第一次调查之后也陆续展开了三项深入的研究，最近的一项是在2013年完成的。每项研究结果都被德国媒体欣然接受，而其合伙人本纳德·桑木兰德（Bernd Samland）也乐意承认：近期的曝光（而非得到的研究结果）才是推动研究继续下去的原因，因为调查得出的结果在过去十年来都是一样的：在德国大约有25%的广告是用英语发布的，或者使用了英语单词，其中大概有2/3的目标消费者完全不理解英文广告语的意思。

“一谈及德式英语，我们就能发现两个完全不同的现象。其中一个就是错误地使用英语单词，这让说英语的人觉得很好笑。我见过的最好玩的一件事情是在奥地利格拉茨的一个小机场，一家机场内驻商店供应圆形的巧克力松露，居然将其命名为‘莫扎特的蛋’。此外，英语单词对于装尸袋的错误使用使得很多德国人以为是帆布包；对于面包店英语单词的错误使用让人以为是数百个车间。”

本纳德·桑木兰德（Bernd Samland），安得玛克公司的合伙人

欢迎来到德国，一个拥有各种五彩缤纷和潮流设计的“装尸袋”的国家——有些包还被贴上了知名品牌的商标，有些包上则是孩子喜欢的卡通人物——都是很受欢迎的产品，常常能在商店的展示窗口上看到。但是如果你想要一个符合功效学设计的包，那么，算你倒霉，要到“修理厂”去了。这种常用词汇的错误翻译——对于不同的听众，同样的单词会形成差别极大的理解——并没有什么害处，而且有时还能逗乐别人。但是，当目标消费者群体不理解广告中词汇的含义时，情况就不一样了。

“第二个现象是对于或多或少还正确的英语的错误翻译。比如，‘欢迎来到贝克体验’（啤酒广告）被大多数人翻译成‘欢迎来到贝克的实验室’；或者‘驾驭改变’（雷诺公司的广告）被翻译为‘去冒险’或者‘带着零钱开车’，这就很可能引发问题。在我们最近的一次调查之后，福特德国公司便将其‘感受差距’改为德语版的‘超前的理念’，因为德国人常常将‘差距’一词与‘特异’和其他词汇混淆；当一名电视记者询问福特销售员‘感受差距’到底是什么意思时，竟然没人能够给出一个合理的回答。”

本纳德·桑木兰德，安得玛克公司的合伙人

既然有这些缺点，为什么英语在德国的广告中还会继续存在呢？

这未必是一个很容易回答的问题。桑木兰德认为，这至少有三个原因。首先，很多美国和日本的全球公司对于德国人的英语水平是不了解的。其次，在纳粹德国时代，常常使用德语来宣传自己，使得德国人对于自己的语言感到不舒服。最后，因为德国人就是喜欢英语，他们太喜欢英语了以至于还一直在创造新的英语词汇，例如用“手边的”表示手机或者用“毛线背心”表示无袖套衫。

然而，正如我们所看到的，将英语用于广告中并非总是有益的。在药剂和家庭用品零售商施莱克（Schlecker）公司的案例中，这样做造成了大范围的宣传灾难。施莱克在巅峰时期拥有52 000名工人，是欧洲地区最大的连锁药店，每年的营业额达到70亿欧元，却在近几年遭受严重的金融危机。2011年，公司希望在重塑品牌的帮助下重振旗鼓，提出了修改的商标，对商店内部进行了重新装修，还推出了一个德式英语的口号：为了你，靠近你。这个口号不仅让德国人感到很困惑，还存在很大的语法错误。这句口号是由国际广告机构格雷（Grey）在杜塞尔多夫的公司设计的。格雷曾为很多品牌做过电视广告，擅长将语言学和德语语法进行自由组合，常常成为人们热议的话题。但在这个案例中，它的创意失败了。在德国广告杂志《地平线》开展的对其读者的线上调查中，超过77%的读者将这个广告口号标记为“差”。还有10%的读者根本不知道这个广告的存在，他们有可能是不太理解这种不高明组合的意思，也就是说，很少有人觉得这个广告口号是好的。而这绝不是一个处于财政危机的公司想要获得的营销效果。

屋漏偏逢连夜雨。德语保护协会的成员联系了施莱克公司，向其抱怨这一德式英语口号。该成员收到了公司发言人弗洛莱恩·鲍姆（Florian Baum）的回应，称这个口号是极好的。在回复中，鲍姆说："这一口号并非针对那些占国家人口总数5%、受过良好教育的人（比如说你和我）。请考虑一下那些没有受过良好教育的人。这个口号是针对那95%的人。"从这一解释中，我们只能得出一个结论，那就是施莱克公司觉得其消费者都是愚蠢的。当然，鲍姆的自以为是以及贬低他人的言辞像病毒一般到处传播。在社交媒体上，很多人主张这样不尊重其消费者的企业应该马上倒闭。之后，施莱克公司在其官方博客上公开批评某些评论者，使其处境更加尴尬。施莱克指出，"中等教育水平"和"愚蠢"不是一个意思，不要听信那些评论的人。无须多说，这无疑就是火上浇油，不过这正合媒体的口味。新闻媒体《当地网站》在报道中以"施莱克发言人侮辱消费者智商"为标题，而《世界日报》则写道：施莱克公司就是零售界的自由民主党（该政党在公众支持方面遭受了毁灭性破坏）；并且将此次事件描述为"尴尬难堪"。

如果你在谷歌浏览器上输入"施莱克的闹剧"，你就会知道这次危机有多严重。大约在2012年2月，一个德语专家小组通过投票将"闹剧"作为2011年英语对德语的最大贡献。年度英式英语的评委在解释其评判结果的时候说："闹剧这个单词填补了德语中的词汇空白，而且经过公开的辩论变得不言自明。"与其他热点一样，比如希腊金融危机和德国国防大臣巴伦·卡尔-特奥多（Baron Karl-Theodor）由于博士论文抄袭而主动辞职，施莱克的丑闻也为这个低俗但是能够引起共鸣的新词在德语文化中扎根落地做出了一定的贡献。尽管很奇怪，但是施莱克蹩脚的德式英语却极大地促进了德国人的英语水平。至于施莱克的生意，在经历这次尴尬难堪之后便失败了。2012年，施莱克公司提交了破产申请。对于施莱克而言，这就是终结。

鉴于英语在国际舞台上的霸主地位，基本上不存在德语转化为英语的情况 [尽管有一个例外，那就是奥迪汽车的宣传口号“突破科技，启迪未来”，多亏了约翰 · 赫加蒂（John Hegarty）爵士对于标语的直觉，征服了全世界]。如果有的话，那我就将其命名为“英格曼”——这绝对会触怒那些姓氏就是英格曼的人。

尽管我们所能看到的是，一些品牌喜欢无缘无故地改变元音，那些元音字母上有两个点，使其变得像是来源于德语或者斯堪的纳维亚语。比如：哈根达斯（Häagen-Dazs）冰激凌，Gü 甜点、FrütStix冰冻水果棒、Scünci发饰和Hibü 目录。很容易明白新品牌为何喜欢这种语言学上的自由变化——这种元音变音不仅给图形设计者在设计商标时带来更多的自由发挥空间和原创性，而且使其品牌具有某种历史悠久的感觉，让消费者觉得品牌很可靠。只要不戏弄消费者，他们对于这种小伎俩是很大度的，可能还觉得很好玩。比如Gü，暗指其味道甜，而事实上法语中的goût指的是美味的意思，毫无疑问，它绝对适合黏黏的布丁的名称。这种情况在音乐行业也是存在的。大概10年前，始于20世纪70年代早期的重金属乐队喜欢在其乐队名称中加入元音变音，以表示其响亮的哥特式的特色，而这种变音标记也被称为“摇滚点”。蓝色牡蛎爱好者（Blue Öyster Cult）、汽车头（Motörhead）、蒙特利克鲁（Mötley Crüe）和皇后杀手（Queensrÿche）都是当时最有名的几个重金属乐队——听上去像传统的排版术语。这种常常把音量调大到11的粗犷的音乐类型为之后的乐队树立了榜样。其实，也许这种情况根本不是翻译错误。

强调准确性——三菱公司根本不可能成功

艾德里安·惠勒（Adrian Wheeler）非常善于跨文化交流，他掌管着全球商务协会（GCI）公共关系EMEA（即欧洲、中东和非洲）网络的28家办事处，他曾在国际市场营销活动方面为许多主要客户提出建议。惠勒是在建立了自己的广告机构斯特林（Sterling）之后升任这个职位的，然后在20世纪80年代将斯特林卖给了GCI。在卖出公司后不久，惠勒就经历了其辉煌职业生涯中由于跨文化误解而造成的最为尴尬的局面。

“我们接到三菱（Mitsubishi）公司的一个电话，他们希望我们能够为其新产品种马（Stallion，一种简便的私家车）颁发汽车行业证书。根据我们的惯例，我们一般会更进一步，并准备一些初步的创新想法：‘超越福特野马’以及其他口号。三菱的团队来到了我们的办公室，开始给我们简单介绍他们的新车。然而，他们的第一张幻灯片就让我们呆若木鸡。

上面写道：新三菱史泰龙。（史泰龙绰号为意大利种马。）

我们几乎所有的准备——研究、市场定位、媒体预测、概念都变成无用功了。我们只能含糊地说些之前老套的汽车营销的对策。三菱的团队非常礼貌，但是他们之后就再也没有回复我们了。”

艾德里安·惠勒，全球商务协会

尽管当时的他感到很羞愧，但现在的惠勒可以一笑置之了。

窍门和教训

- 不要依赖谷歌翻译或者其他线上的免费翻译工具对当地的语言进行翻译。总是要用专业的翻译服务，并且找一个当地人进行校对。
- 创造一个新品牌的时候，避免使用在其他语言中读起来很愚蠢或者有冒犯意味的词汇——注意那些常用的俗语。
- 敏感地对待其他文化和宗教的禁忌。
- 确保不要把国籍或者文化群体弄错。
- 了解自己国家的历史。

第十一章 Chapter 11

不当修正和市场转变
战略失策、不当的想法以及糟糕的重组

2012年，美国强生公司（Johnson&Johnson）承诺在3年之内去除他们洗漱用品和化妆品中的化学相关物质。这项决定来自以下说法：类似无泪配方婴儿沐浴露等产品所包含的微量元素，可能含有少量的致癌物质，并受到来自安全化妆品运动先锋组织的联合抵制。百事可乐公司同样也受到了来自于顾客的压力，顾客认为其公司的佳得乐运动饮料中含有某种有争议的元素。一位来自于密西西比州的少女在Change.org网站上发布了去除有害物质的请愿书，并获得了超过了200 000人的签名。之后，2013年，百事可乐公司宣布公司将停止使用溴化处理的植物油，而这种植物油在日本和欧盟早就被禁止使用，并且还已经申请了阻燃剂专利。尽管改变配方显然是为了变得更好，但是重组产品而让事情变得更糟的事情一直时有发生。

新可乐——当世界上最大的品牌失去勇气时

缺乏自信通常并不是一个和可口可乐公司能联系起来的特征。这

种由来自亚特兰大的药剂师约翰·彭伯顿（John S.Pemberton）在1886年创造出来的软饮料，经过多年的智慧营销已经成长为第一个真正全球闻名的品牌，并且直到今天，在这个星球上它的商标仍然是被人们广为熟知的。记住，这是一个如此有影响力的品牌以至于它塑造出了现代圣诞老人的形象：一位十分友好，留着长胡子，穿着整齐的、镶白边的红色套装的圣诞老人。这个我们很容易回想起来并且十分喜爱的人物是由插画师哈登·桑德布罗姆（Haddon Sundblom）为可口可乐公司设计的，并在1931年开始出现在新闻广告活动中。直到可口可乐公司在营销方面让顾客能够接受时，圣诞老人才以各种不一致的外观呈现出来。一旦这个来自亚特兰大的巨型公司开始运作时，一股强劲的力量就推动着可口可乐成为圣诞老人的代表，就像一把来到真实世界中的魔力雪橇一样。到20世纪20年代中期的时候，可口可乐公司一天就能卖出600万瓶可口可乐。在接下来的半个世纪中，尽管国际上装瓶饮料厂激增，但似乎也无法阻止可口可乐的销售增长。这是一个巧妙地融合流行文化的品牌，正如1963年它的标语所成功宣称的那样："可口可乐，万事如意。"

然而到了20世纪80年代，随着可口可乐公司成立百年纪念在即，一切开始变得不再如它所愿起来。其竞争对手百事可乐公司一直在不断地削减着可口可乐公司在美国的市场占有率，导致可口可乐公司在其最大市场上的利润连续15年下降。坦白地说，这不是昙花一现。可口可乐的高层十分担心他们标志性的软性饮料的销售量最终会被竞争对手所超过。这看起来就像甜美的碳酸泡沫随时可能会破裂一样。

可口可乐公司内部就如何应对来自百事可乐公司的威胁展开了一场激烈的争论。对于一个将可口可乐发展成为大品牌并很少出现失误的公司来说，要做出重大改变并不容易。1982年，可口可乐公司推出健怡可乐（Diet Coke），为这场反击战取得了一个开门红。现在看起来这似乎很难让人相信，因为大品牌凭借自身能力创建的健怡可乐虽然被打造得很好，可是该产品在开发阶段被拿出来审议的时候，就收到一些公司内部的反对意见，因为他们担心品牌的延伸可能会有损可口可乐，毕竟可口可乐在一致性的基础上得到精心培育并已经渡过几代人的时光了。在健怡可乐的创立没有得到老天眷顾时，公司的心态方面又出现了新的问题。变得胆大的高层们渐渐不再受到保守策略主义的束缚，开始考虑做一些彻底的改变，思考一些以前没有触及的东西。采用新的放任营销策略导致公司走向被普遍认为是有史以来最大的营销失误。

由于1975年百事可乐的挑战，可口可乐公司慌乱起来。在主动争取巨大营销市场的过程中，百事可乐公司在全国的购物中心和一些公共地方开展了“盲品”活动。令可口可乐的高层们十分震惊的是，之后百事可乐公司举办的品尝活动所达到的效果，都远远超过了可口可乐公司所举办的类似活动。并且，在20世纪70年代末期到80年代初期的这段时间内，百事可乐公司一直进行类似的刺激推广活动。除此之外，百事公司在建立自己对于年轻公众的吸引力方面取得了相当不错的进展。比如公司在电视广告部分投入巨额预算，邀请一些世界著名的流行歌手和影视演员领衔主演他们的广告。要注意了，就在这时出现了一些问题。1984年1月，迈克尔·杰克逊（Michael Jackson）被紧急送入位于洛杉矶的一所医院。他在拍摄百事可乐广告时造成了头皮二级烧伤。这一事件让人感到十分害怕并且气愤。在杰克逊为百事可乐广告演唱重新作词的热门歌曲“比利·基恩”（Billie Jean）时，由于烟火发生故障，这位超级巨星的头发着火了。

虽然这次广告制作出现了巨大问题，但是毫无疑问，百事公司借此火了。

百事可乐公司致力于未来的发展，迎合年轻一代的喜好，在打造自己的受众群体方面取得了成功。相比之下，可口可乐公司在价格促销上却没有占据领先位置，并且其竞争对手还拥有较强的口味优势。于是，可口可乐公司高层得出了一个重要的结论，即重新让品牌恢复活力的办法不是调整广告，而是改变其产品配方。当你静下来仔细思考的时候，会发现这是令人难以置信的，这个计划可是要调整世界上最受欢迎的软饮料的成分啊。在经过近200 000名顾客试喝之后，一份全新的、含糖量更高、更加贴近百事可乐口味的配方已经准备好投入市场了。这种首创做法渐渐变得被效仿起来。1985年4月23日，新可口可乐，正如大家所知的那样，在大张旗鼓的宣传中问世了。但它并没有像可口可乐公司希望的那样被大众所广泛接受。

百事公司趁机制造了一些恶作剧，他们在报纸上发布广告，宣称配方的改变已经证明可口可乐公司输掉了这一场可乐战争，并且在电视上发布了颇具攻击性的商业广告。这则广告以三位出现在走廊上的饱经风霜的老者为主人公，其中一位老人十分生气和悲痛，因为未经其允许，“他们就改变了我的可乐”。在这幕的最后，他不再忠贞并且开心地一口气喝下百事可乐。百事可乐有意戳其痛处，认为可口可乐在调整产品配方方面目空一切，根本没有询问其忠实消费者的意见。百事可乐针对可口可乐的商业广告十分机智，形象地刻画了穿着脏牛仔裤和格子衬衫的老者形象。这传递出一条信息，那就是百事可乐十分乐意进行变革，而可口可乐只是为了迎合那些老人们。这个信息十分明显地增强了广告上百事可乐所打出的口号“这是年轻一代的选择”。

但是真正重要的是美国消费者的反应，而且可口可乐进行了史上从未有过的大力度的减价活动。人们都十分吃惊，可口可乐居然如此草率地挽救这个对于众人来说意义重大的品牌；同时也十分愤怒，可口可乐已经变成了一种只是用来解渴的文化。许多人都这么认为，这是不容置疑的。抱怨声大量涌现，并迅速蔓延。不久，可口可乐公司的消费者服务热线就变得十分火爆，一天能接到1500个电话。尖酸刻薄的来信也大量涌来，许多信件都是要可口可乐的CEO罗伯托·戈伊苏埃塔（Roberto Goizueta）亲启，而这些信件之所以能被送到他的办公桌上是因为信的署名是“首席愚人，可口可乐公司”。另一位写信给戈伊苏埃塔的顾客想要一份他的亲笔签名，并十分讽刺地解释说：“也许之后，这个美国商业史上最无能的高层的亲笔签名会值一大笔钱。”

许多类似“美国老式可乐爱好者”和社会原装产品保护组织的抗议团体纷纷涌现，前者声称已经收集到10万名群众的签名，决定买回原来的可口可乐。在一场发生在亚特兰大的抗议活动中，游行示威者举起写着类似“我们的孩子再也不会知道这种饮料”和“我们想要原本的产品”口号的海报。一位男士为了推迟不会再喝到传统可口可乐的时间，驱车赶到得克萨斯州圣安东尼奥市的一家灌装厂买了价值1000美元的原装可乐。其他感到恐慌的人趁着货架上还有存货，地下室里还有大批瓶装和听装的储存，大量从零售商那里抢购。与此同时，在脱口秀和其他媒体上，可口可乐公司的所作所为受到了嘲弄。突然间，公众对于可口可乐的传承有了新的认识，并对于如何把自己的想法与之相连有了更加敏锐的解读。

在新可乐发布的两周内，高管们对这些不可避免的情况向公众致歉。他们已经宣布要终止生产老式的可口可乐，现在不得不找出一个明智的方法再让这款产品起死回生。可口可乐的首席市场官塞尔希奥·齐曼（Sergio Zyman）负责处理这件事情。巧合的是，齐曼原定要在欧洲发表一场演讲，他突然意识到在那里他远离了美国公众的愤怒与关注，是采取行动转世重生的好地方。齐曼召集了一小部分包装和策划专家前往蒙特卡洛与自己碰面。在《广告时代》的采访中，齐曼回忆说："我们看着这些听装饮料时说，'我们已经做得过头了。我们必须对消费者说这才是本源'。我们尝试了'可口可乐原品''可口可乐第一''原味可口可乐'这些名字。实际上，我还有许多概念设计。但是经典的就是最棒的那一个。这样看来我们并没有闲逛。事实正是如此。"

因此，正是在1985年7月，仅仅在公司可能不再继续生产的79天之后，老式可乐作为可口可乐的经典被从死亡线上拉了回来。这个巨大的转变如此重要，以至于ABC新闻节目主持人彼得·詹宁斯（Peter Jennings）中断了《综合医院》这部肥皂剧，将此事告知全国。可口可乐始终处在新闻的头版头条。两天之内，公司热线就接到了31 600个电话。人们对此感到十分兴奋，他们爱着的那个可口可乐又回来了。

一开始，经典可口可乐是与可口可乐（新可乐）一起售卖，但用不同的广告将两者进行区分。经典可口可乐的营销口号是"红色、白色和你"，很有情怀地在某种程度上提到了美国国旗。毫无疑问，这将作为美国生活精髓的一部分，就像美国国旗一样。与此同时，新可乐在吸引年轻一代上与百事可乐正面遭遇，其口号为"驭浪前行"。但实际上，正是经典可口可乐驾驭了这个浪潮，并完全获得公众的好感。死而复生后，经典可口可乐变得比以前更受欢迎。新可乐的销量则节节衰退，其与恢复活力的老式可口可乐相关联的二等地位在

1992年得到了强化，新可乐被重塑品牌为可口可乐Ⅱ。在接下来的几年中，新可乐的利润进一步减少。同时，零售商和消费者对于它们的存在毫不关心，并且当装瓶厂商看不到任何这种产品继续存在的意义时，也为处理一种复杂的二线产品感到生气。2002年，新可乐被统一撤出市场。在此之后。经典可口可乐的包装上经典这个字眼大规模地按比例减少并于2009年全部撤出。可口可乐又重新变成那种老式的可口可乐了。

阴谋论者认为，以牺牲老式可口可乐的配方为代价推出新可乐是明智和煞费苦心的计谋，其目的是让步入100周年似乎疲累的产品获得重生，以玩世不恭的做法借助其消失来增强大众对它的喜爱。实际上，可口可乐公司远没有这么狡猾。由于对百事可乐的口味优势感到惊慌，可口可乐一瞬间失去了曾经由其全球商业活动建立起来的产品信心。在新可乐的电视广告中，喜剧演员比尔·考斯比（Bill Cosby）坚持说新可乐有了进步、“比之前的都更好”，从而拆穿了整个事情都是难以置信的、精心设计的商业炒作这样的谎言。从不犯错，这就是巨大的错误；即使最后公司在可口可乐方面仍然取得了成功。一旦他们这种误判的范围逐渐扩大，碳酸饮料之王的称号易主，可口可乐公司的高管们不得不在匆忙之下东拼西凑一个包括可口可乐Ⅰ和可口可乐Ⅱ的新策略。

如今，可口可乐的国际品牌价值已经达到800亿美元。可口可乐的销售量已经达到不可思议的规模；每周在全世界范围内可以卖出上百万瓶。可见，人们仍然十分喜爱可口可乐。那么，如何解释百事可乐可以在“盲品”上打败可口可乐呢?

答案是这样的，盲品活动是受到引导的。快速决策经常在人的大脑中下意识地进行，马尔科姆·格拉德威尔（Malcom Gladwell）

在其《眨眼间：瞬间思考的力量》一书中对此进行了探讨。在和来自食品和饮料业的研究人员讨论之后，格拉德威尔发现试饮测试通常会有一些缺点。例如，在百事可乐挑战的“盲品”测试中，人们只是尝上一两口，并偏向于较甜的饮料——人们会对甜味做出直觉的反应，通常会更多地选择偏甜的一种。但在用于家庭的测试中，消费者有时间和余地饮用大量的饮料，这就有可能造成相反的结果。人们在购入大量同种产品后，可能会觉得甜味十分讨厌。百事可乐在作为营销手段的测试挑战中获得成功，使得可口可乐公司感到恐慌，并高估了试喝的重要性。而且，格拉德威尔也提到说，一旦剔除所有品牌设计的影响，只将试喝结果作为一个可能购买意向的指示器是存在很大缺点的。包装和品牌吸引力有着很大的重要性。这种“感觉转移”理论是由心理学家和营销领域先驱路易斯·切斯金（Louis Cheskin）提出来的，他认为，消费者会将对产品包装和品牌设计的印象转移到品牌本身上去。然而，可口可乐忽视了由于对市场十分熟悉和领导市场数十年而形成的巨大优势。不过，公司绝不会愚蠢到这个地步，犯两次同样的错误。当转回到真正有价值的事情上之后，公司一定可以发挥自己的长处。

作为对于整个事件的补充说明，我应该指明，新可乐绝不是第一个大力改变成功秘方的饮料。直到1903年为止，可口可乐中仍含有少部分可卡因并且广泛用来治疗神经疼痛。那时，可卡因还没有被定为有害物质。然而，19世纪90年代由于可卡因在药物中被大量使用，并且公众在心目中将它和犯罪联系起来，这导致禁止可卡因的呼吁越来越多。在《纽约论坛》发表了一篇主张利用法律手段来与可口可乐公司对抗的文章后，可口可乐不动声色地微微改进了自己的配方，采用了已经提取出（有害）药物成分的古柯叶。在21世纪，看到可口可乐公司在“节日来临”的商业活动中所配备的红色巨型欢迎卡车时，回想起该品牌早期运输工具的绰号叫“药品马车”而美国人当时对这种含糖碳酸饮料更加渴盼，就会觉得很有意思。

彭尼百货因定价转变策略变得不得人心

彭尼百货（JC Penney）任职甚久的CEO麦伦·厄尔曼（Myron Ullman）被董事会抛弃了，因为他们相信该百货公司在恶劣的市场环境中需要获得新生。2011年，他们任命罗恩·约翰逊（Ron Johnson）接任这个位置，约翰逊是苹果公司零售部门的前负责人，他由于英明地彻底改造了尖端类消费技术部门的销售环境而受到了高度评价。这位CEO曾提出“天才吧”和其他令人印象深刻的创意，把去苹果商店参观变成了像购物一样的沉浸式的品牌体验，不过，他的身价也不低。入职之初，公司就奖励给约翰逊价值5270万美元的股票，并允许他每天乘坐私人飞机从位于加利福尼亚的住所前往位于得克萨斯的彭尼百货总部上班。但为了表明他有自信拯救彭尼百货的命运，他将自己价值5000万美元的资产投到了这个新的雇主公司之中。

2012年1月，当约翰逊在名叫“赞扬新风气”的演讲中向公众公布他的转变计划时，他十分清楚地指出，最重要的事情就是重新设想整个公司的商业发展模式。另外，还有一些相关的显而易见的改变，比如新的商标（参见87页）以及将名人艾伦·德杰尼勒斯（Ellen DeGeneres）作为品牌合伙人，还包括购物体验的全面现代化、新品牌的导入、一些既有的受消费者欢迎的品牌的更新。这个方法旨在将苹果公司具有的销售魔力注入其中，以提高彭尼百货的吸引力。尽管改变该量级的购物环境十分昂贵，但如果彭尼想要加深其吸引力并受到年轻顾客的欢迎，对于已经存在将近1个世纪的彭尼百货来说这样做仍是十分有必要的。

然而不管这个计划的规模大小，约翰逊这个转变蓝图里最激进的部分是实施“光明正大”的价格策略。过去，彭尼百货是靠大量的优惠券和实体零售店巨大的折扣来吸引顾客。约翰逊一下子放弃了以前所有的做法，全力打造一种新的“天天低价”（EDLP）的销售模式，这是一种将沃尔玛带入统治性地位的销售模式。然而，尽管沃尔玛的例子令人瞩目，但鲜有零售商能以该模式取得巨大成功，而且对于之前追求不同策略的知名零售商来说，这尤其是一个难以成功的把戏。由于实行这个天天低价的策略，商店不得不削减广告和促销的花费。但是，约翰逊没有考虑到这个改变会让彭尼百货的老顾客多么难以接受。其中一个原因是，该策略几乎没有考虑这种重大改变可能带来的负面影响——因为彭尼公司在制订计划时并没有进行相应的市场调查。约翰逊仍然还是苹果时期的思维，苹果公司是专注于产品研发和塑造消费者偏好的领导者而不是跟随者，约翰逊并不喜欢做市场调研。同样，他也认为沉浸在这个让人震惊的市场计划之中毫无意义，快速见效才是至关重要的。

因此，转型得以全速推进，公司瞬间疏远了许多期待优惠券和降价促销的消费者。18个月之中，公司销售额损失了40亿美元，造成了毁灭性的经济损失，公司股票缩水75%。彭尼公司并没有认真考虑破产的后果。

“大部分年老、不太富裕、使用优惠券的顾客去彭尼百货是为了购买黄油和面包的。我的看法是如果罗恩有充裕的时间继续实施他的

策略，应该会有效果。但是，在那之前公司可能已经破产了；他告诉大家需要3～5年来实施其策略，但他没有意识到这会带来多大的危害，很有可能在5年之内会达到与预期相反的结果。我喜欢罗恩的这个想法，但是在他展示这个想法的那天，我就告诉所有的委托人（彭尼公司的）股票会大跌，利润会大量削减。因为他没有让消费者了解他所设想的这个策略。”

简·罗杰斯·科尼芬（Jan Rogers Kniffen），美国零售业分析家

在经历了任期内每季度的销售量都急剧下降之后，罗恩·约翰逊于2013年4月被公司解雇。他的接任者是……他的前任厄尔曼。除了个人性格，这次大的转变还存在许多问题。厄尔曼立即停止了这个天天低价的策略，并在电视广告上为该改变所带来的后果向公众致歉。“我们从中得到了一个很简单的教训，”一个缓和的女性旁白述说着，“倾听自己的声音，听见你所需要的，让生活变得更加多彩。回到彭尼百货吧！我们听见你的声音了。我们想要见你。”彭尼百货利用来自高盛的175万美元的贷款来支撑自己的资金链。约翰逊在苹果公司让人留下深刻印象，却不了解彭尼百货的消费者需求。这些消费者到商店是寻求优惠券和折扣的，他们才不介意是不是在一个舒适的地方逛街呢。

玛氏让素食主义者失望

根据健康与食品食品标准局的《国家饮食和营养调查》数据，2%的英国人是素食主义者。2017年3月，玛氏（Mars）这家拥有诸如特趣、士力架、麦丽素以及与这些齐名的火星棒的巧克力品牌公

司宣布，要改变其糖果店原料的成分。然而，过去这些受欢迎的巧克力美食是适合素食主义者的，玛氏透露将试图在生产工序中加入凝乳酶。凝乳酶是一种从小牛的胃黏膜中提取出来的酶，用来产生乳清。通过一下子改变巧克力零食的配方，玛氏正在将喜爱其产品的广大消费者拒之门外，玛氏的消费市场很大，每50个人中就有1个人购买其产品。不出所料，喜爱其产品的素食主义者对此非常气愤，而玛氏似乎十分专横，并不理睬他们。

在任何市场上，食品制造商的这一举动都可能遭受强烈反对，而在英国迈出这一步，玛氏则是将自己置于大量的谴责抨击之中。众所周知，英国人喜欢吃甜食，对糖果店里的巧克力产品有着特别的喜爱：消费者经常购买巧克力棒以及夹裹着饼干、坚果和焦糖的巧克力。数据监管公司（Datamonitor）2016年4月出版的研究报告显示，英国人作为欧洲最多的素食主义巧克力爱好者，每年平均吃掉10千克的巧克力，几乎是每年消耗2.2千克巧克力的意大利人的5倍。此外，在英国，棒状巧克力目前最受欢迎；而在德国，盒装巧克力更加流行。由于玛氏在最受欢迎的巧克力品类中处于领先地位，其改变棒状巧克力成分的决策必然会对英国许多回避动物制品的消费者产生直接影响。

“素食主义社会”是世界上最古老的素食主义组织，1847年成立于英国。该组织动员其成员反对玛氏的做法。在玛氏宣布其决策的一周内，超过6000人给公司发邮件或打热线进行抱怨，这是平常客户沟通量的12倍多。在议会中，40名国会议员签署了请愿书发表反对意见。在众压之下，玛氏于宣布决策一周后承认这是一个非常明显和快速形成的错误。玛氏巧克力英国区主席菲奥纳·道森（Fiona Dawson）签署了一份公开道歉信，并在好几家国际报纸上被当作广告发表。信中写道："消费者是我们的老板，因此我们听从您和您的反馈意见"。

在重新规划产品的过程中，玛氏不再获得素食主义者的好感，他们认为玛氏歧视其生活方式和信仰。尽管玛氏可能并没有这种意图，但是作为一家知名的食品公司，认为配方中的小变化无关紧要却是很愚蠢的。食肉的消费者可能会被误导，认为反对使用凝乳酶只是因为素食主义者过分讲究了——"嘿，这可不是玛氏生产的扔进碎牛肉和内脏进行混合的特趣巧克力！"但是，对于那些以某种原则而选择不食用含有死亡动物成分的产品的人来说，这就完全不同了。

"玛氏这次愚蠢的错误对'素食主义社会'来说是件大事，最令我们感兴趣的是，这件事并非仅与他们所使用的原料有关，还关乎人们与饮食有关的选择是否值得被尊重。我将此事描述为一个愚蠢的重大错误，正如食品贸易行业权威杂志《食品商》里提到的他们的错误在于，暗示了非素食乳清的改变只会受到一小部分非常挑剔的素食主义者的关注。国际大品牌应该清楚的是，由于自视过高而会不顾一切地做出任何举动。最后，玛氏并没有使其计划有所改变，而他们强大的对手吉百利，也开始将其巧克力贴上适合素食主义者的标签。业界、传媒和公众意识到，细节真的事关重大，而现在当大品牌要有所改变时，他们通常都会先跟我们谈一谈"。

里斯·奥尼恩斯（Liz O'neill），素食主义社会通讯官

对于玛氏来说，来自消费者的力量给他们上了令人蒙羞的一课。一旦退让，就不会造成长期的危害。然而，正如接下来的故事所展示的那样，产品重新调配可能会造成更加严重的结果。

人造黄油普兰塔所引起的疾病——产品重新调配造成死亡和破坏

联合利华以2900万英镑的费用将其人造黄油品牌弗萝拉（Flora）的配方调整并引入英国，并在承受消费者长达18个月压力之后的2013年屈服了。该跨国食品公司翻新了产品，使之既更健康又美味，但是许多消费者认为产品没有以前可口，销量猛跌12%。当市场调查确认口味是主要问题时，70%的消费者表示会接受以前的产品，尴尬的回归就在所难免了。原配方产品顶着言辞上的些许羞辱，在重返市场的包装上介绍“回到你爱的味道”。

然而，与1960年8月发生联合利华将人造黄油普兰塔的新配方产品推入荷兰相比，这次的溃败就根本算不上什么了。当年，这款产品的包装上贴着写有“更新装”的红色标签，并向消费者承诺“你会尝到改良的味道”。之前，与市场上的竞争品牌相比，普兰塔已经处于劣势了，因为消费者很难将它涂开，而且在用于油炸和烘焙时这种黄油会泼溅出来。现在，通过添加一种新的乳化剂——许多食品中都会含有的可以将油和水结合起来并能阻止其分离的基本成分——那些问题已经得到了解决。但是在为顾客解决问题中，联合利华又给自己带来了新的问题，而这次的问题要严重得多。

重新调配的人造黄油在荷兰引发了大规模公众健康危机，影响了10万余人，有些后果非常严重，400多人住院，4人死亡，其中2人很可能是直接食用该产品的结果，而另外2例致死案例也被认为是由于消费该产品促成的。在普兰塔疾病流行被了解之前，联合利华支付了大量资金用于赔偿，而且其公司声誉在有意误导的指控中一落千丈。对联合利华来说，最大讽刺是该公司发现自己处于令人反感的境地不是因为它鲁莽地走捷径或是无节制地贪婪，而是因为它对于其食品原材料所采取的伦理立场。

只是到了现在，可怕的普兰塔疾病爆发半个多世纪之后，整件事情才被谈起。这件事能被详细讲述的原因归结于一个人的好奇心和坚持，这个人就是阿诺德·博斯曼（Arnold Bosman），他是一位在斯德哥尔摩研究流行病学的公共健康专家。尽管身在瑞典，博斯曼却是荷兰人，并且在其职业生涯的早期受到过一位官员指导，而这位官员曾领导了对普兰塔疾病爆发进行调查的工作。作为一个专业的医生，博斯曼当然对研究在他出生前震动了荷兰的这场疾病的临床症状感兴趣。1960年的夏天，医生突然被一种新型皮肤病病人的诉苦声所淹没，这种病看起来有点像麻疹。其症状表现包括红色的皮疹、褥疮、瘙痒、恶心，最后有些缓解时还会表现出被感染的危险症状，如高热、皮肤溃疡。然而，尽管这次危机的规模很大，但是普兰塔疾病如何出现及其之后是如何被联合利华与荷兰当局解决的，这些有深度的信息少之又少，实在令人沮丧。

博斯曼工作中最重要的一部分就是在对抗传染性疾病时，同欧洲的公共健康官员分享最佳实践经验。尽管普兰塔的事情已经过去了，博斯曼仍然坚信可以从中得到一些有价值的教训，并开始为他的学生们开发一个有关该疾病研究的案例。起初，由于公众领域的信息较少，他的研究受到了阻碍。这是一个联合利华不愿意回顾的事件，并且容易获取的政府公共部门方面的信息少之又少。博斯曼并没有被困难吓住，而是进行了深入的挖掘。根据荷兰的法律，与公众人物相关的档案有一个50年的封闭期限。这些档案早已被封锁起来，并且根据信息自由原则，半个世纪之后才可以向外披露。博斯曼亲自前往位于海牙的荷兰国家档案局，取回了第二次世界大战后历史中最伟大的人物之一威廉·德里斯（Willem Drees）——1948～1958年担任荷兰首相——的档案。在他任期结束后的两年，这位政治巨人被任命为联合利华内部调查委员会主席，该委员会被赋予权力，可以接触所有与普兰塔疾病有关的参与者及相关文件。这些文件以及由该委员会完成的正式内部报告的副本，都从未被联合利华对外公布过，而此时它们都在博斯曼的手中了。最终，博斯曼和他的学生们对这次事件提供了合理的解释，这将在下面进行阐述。

为了将故事上下连贯起来，我们首先需要知晓20世纪50年代早期的欧洲是个什么样子。战后生活水平的提高引发了人口出生浪潮，与此同时，欧洲国家之间开始更加紧密地联系以共同应对经济问题，迈向了共同创立欧洲共同体的第一步。欧洲共同体被视作是欧盟的前身。这种情况使联合利华的高层们相信这是一个在全球范围内扩大自己食品产业的千载难逢的机会，并以人造黄油为其开端。然而同时，联合利华在落实扩大其食品产业计划时比较谨慎，他们必须阐明其对于消费者健康的影响。为了负责，公司投资数百万元在欧洲建立了两个食品安全实验室，并邀请权威毒理学家和生物学家在实验室工作。那时，所有人造黄油使用的都是帕斯加的乳化油（PEO），这是世界首批商业用途的乳化剂，在其1917年被推出之后就彻底变革了人造黄油产业。但当1955年联合利华实验室的科学家在小老鼠身上测试PEO时，他们发现PEO具有致癌性，这让他们十分不安。联合利华将这一消息告知了德国和荷兰当局，询问是否有食品安全管理条例做出过要求，但并没有收到实际的回复。那是一个不同的时代，还没有产生严格的食品标准。

为了让更多人相信这个结论，联合利华单方面对PEO表示了关注，并将人造黄油从其产品中撤出。但是，为了走出这负责任的一步，联合利华将自己摆在一个和竞争对手相比很不利的位置上。而其竞争对手们却在公众的视野之下继续使用PEO并从中获取利益，因为他们的人造黄油在烹饪过程中不会飞溅出来。“这时，竞争就开始了，”博斯曼说道，“研究和建立实验室来提供一个安全的替代品，这个做法要承担很大的压力。”

联合利华同时研究了若干种PEO的替代品，并以小老鼠和猪进行试验，之后还让实验室人员进行了小规模的人类味觉试验。结果，一个名叫ME-18的乳化剂被证明是最有希望成功的——它的延展性很好，试吃人员也认为口感不错，ME-18没有明显的缺陷。联合利华的营销人员为此而兴奋不已，并开始推动其进入市场。另一方面，科学家们却想进行更加长久的实验。由于并没有什么规制，意见的分歧导致两大阵营之间存在长久的紧张局势。“1958年，联合利华的德国分公司决定大胆一试，”博斯曼指出，“在很多内部会议中，仍然有很多毒理学家持强烈的反对意见。他们说，‘这种做法是很不明智的。我们刚刚测试了半年，还需要更多的测试’。不过，这些意见多少受到了忽视，该公司还是将新产品投入了市场。”

在西德，联合利华改良了其现存的两个黄油品牌拉玛（Rama）和萨内拉（Sanella）。公司将这两种产品改良成含有ME-18的人造黄油。改良后的产品受到了消费者的强烈欢迎，但是产品必须在年底之前撤出市场，因为加强版的国家食品卫生法要求化学添加剂的投入使用必须经过更为严格的测试。含有ME-18的人造黄油推广到市场上时，正巧爆发了大家都不曾了解的皮肤病。让专家们感到困惑的是它的爆发只限于西德境内。1958年11月，人造黄油从市场上撤出时，该疾病就像它爆发时那样又迅速消失。少数分散在全国各地的临床医生怀疑这其中可能存在某种联系。但是，当他们提出这些想法时，他们却被视为怪人，受到那些所谓更加“优秀”的同事的嘲笑和排斥，这些同事认为那些想法是非常稀奇古怪的。博斯曼认为这种想法对于今天的疾病控制来说是十分有价值的，给予了很高的评价。“从公共健康的角度来看，这对于我是非常重要的一次学习。你需要把自己从教条的束缚里解放出来，认真做好每一次观察，不要只是因为他（或她）的称号是某某教授就去相信一个人。今天，我们仍然会遇到类似的事情：当教授说些什么时，这些内容的价值被认为远远高于那些乡村医生所说的话。”

然而，含有ME-18的产品退出了市场，任何在这种非乳化剂和皮肤疾病爆发之间的联系都被广泛忽视，认为其联系是微弱的和巧合的，外界对于建立这种联系的兴趣很快就消失了。联合利华则继续这项有关ME-18的毒理学测试：

“所有小老鼠都活了下来。他们不能解释的是有一些老鼠的身上带有疤痕，但是测试时他们并没有将ME-18喂给这些老鼠，只是将其注射进老鼠的胃部。这和人类食用人造黄油不同。所以，没有人知道该如何解释疤痕组织的出现。这其中仍有很多不确定性，但至少他们没有看到之前PEO所带来的可怕结果。这其中不含有癌症。实验室的测试人员都很健康。其中，甚至有一个联合利华德国实验室的工作人员由于有人怀疑ME-18，便饮用了100毫升从原始乳化剂中提炼出来的ME-18，并且仍然保持健康。内部的工作人员就是这么有信心。”

阿诺德·博斯曼

联合利华也想从皮肤专家委员会那里找到突破口。然而，由于那时缺少国际标准或工作指南，他们的这种突破性发现受到了相当大的限制。那个时代，就像博斯曼用一个可爱的短语描述的那样，临床医生完成这种任务只是为了赚取一些额外的零用钱。换句话说，这样的设置不是为了提供一种有效的防故障保险。没有证据表明ME-18可能是有害的，联合利华的食品科学家又一次承受了来自营销人员将乳化剂推向市场的压力。这一次，只有荷兰联合利华想要为他们的人造黄油品牌普兰塔这么做。

当红色普兰塔（通常指的是重新配方的人造黄油，由于其带有红色标签而得名）一经推出后，荷兰就爆发了皮肤病。正像两年前在西德时那样，医学界的专业人士不知所措。鹿特丹市的政府健康热线在疾病爆发的第一天就被打爆了。医生们不停地打电话报告这个难以解释的皮肤疾病所造成的患者的症状。一些人怀疑这可能是作物喷洒农药所带来的极端反应。但有一种解释引起了流行疾病学家乔普·胡伊斯曼（Joop Huisman）的关注。有位全科医生报告说，一位母亲带着她年仅11岁的儿子罗比·欧沃克（Robie Ouwerkerk）到外科治疗皮疹。这位妈妈解释说，罗比——后来被昵称为普兰塔罗比——食用了这个新配方的人造黄油，而其他家庭成员吃的是其他牌子的黄油，身体都是很健康的。红色普兰塔可能是造成皮肤病的原因吗？她想弄明白。在皮肤科医生亨克·道格拉斯（Henk Doeglas）的帮助下，胡伊斯曼跑遍鹿特丹查访了40位患有这种皮肤病的病人。所有人都被问到他们是否食用了红色普兰塔；他们确实食用了。由于这个产品在市场上的占有率只有5%，结论是无法反驳的。某种程度上，人造黄油必须为这次流行病的爆发负责。鹿特丹负责公共健康的工作人员立即与联合利华取得了联系。“在疾病爆发的第一天，公共健康服务人员和联合利华进行联系并共享了他们的数据，”博斯曼说，“同一天，联合利华回复到‘我们不仅打算停止生产，而且还要召回市场上现存的所有批次的产品’，这在1960年来说是一个非常大的举动了。”

虽然当时邮件和手机都还没有普及，但联合利华的工作人员行动非常迅速。然而，公司内部的会议纪要描绘了高层们惊恐地发现他们忽视了一些重要的东西。为了搜集更多的信息，他们拼命地在全球各地的公司进行核查，荷兰联合利华的高管们联系到了一位产品发展部门的负责人，当时他正在瑞典。当被询问时，这位负责人透露他——以及西德联合利华的高层——都知晓在西德ME-18与皮肤病之间的可疑联系，但并没有与荷兰公司董事会分享这一信息，因为这被认为是一场恶作剧。荷兰董事会开始渐渐明白，他们正处在一个巨大的危机之中。

最初，联合利华的反应为其赢得了一片喝彩。公司很快就向那些受到疾病侵扰的群众提供了补偿，荷兰公众对于公司委员会在受影响的产品受到追查并将之召回的做法印象深刻。而且，联合利华在与政府健康与社会事务部合作时发挥了重要的作用，作为危机应对小组的一部分着手处理紧急事件——尽管小组中的一些政府代表对一家要维护其敏感商业利益的跨国公司在是否能完全开放和坦诚方面表示怀疑。当发现联合利华另外一个人造黄油品牌蓝带（Blue Band）含有ME-18成分时，这种怀疑就变成了彻头彻尾的敌意。联合利华的董事们下令工厂停止生产红色普兰塔时，并没有说明那些已经在机器中的批量混合物该如何处理。由于对于这个问题并没有足够的认识，生产部门的人员利用剩下的大部分混合物制作了蓝带产品。这真的是严重不合时宜的重大沟通失误，但是一些政府官员并不接受这样的解释，并指责联合利华封锁信息和表里不一。

“当得知蓝带黄油也会引发疾病时，”博斯曼说，“一些政府官员说‘哈，你看，他们隐藏了一些事情并不愿意和我们分享信息。现在你看到事情发展到这个地步了’。这在公众之中引起了争论。联合利华被指控隐藏事实并试图将污染的黄油换上新的包装向公众出售。”所有联合利华的人造黄油产品都要撤离荷兰市场，直到可以证明其产品不含有害物质。公司股票下跌并受到媒体大量的负面评价。媒体很快就将普兰塔疾病和两年前爆发在西德的流行病联系在一起。考虑到由于担心PEO的安全性，联合利华已经着手对新的乳化剂进行研究，公司高层对于这些尖酸刻薄的指责也十分愤怒和委屈——这也是公司为什么不愿意同博斯曼这样的杰出流行病学家讨论这件事情的原因，即便该事件已过去很久而且都进入21世纪了。

博斯曼对于联合利华的这种表现非常理解，因为所有这一切对联合利华来说是一个巨大的耻辱。“如果这种事情发生在今天，从我作为一名公共健康医生的角度来看，我宁愿和一个像联合利华这样的公司一起共事。因为在我看来，他们明白质量的意义，并为了向消费者提供安全产品的一致目标而工作。”随着丑闻渐渐淡去，联合利华很快就重新建立了公司声誉。公司与荷兰全国医师协会达成协议，并向协会成员公布，在这个协议之下，如果医生做出诊断表明他们在病人身上观察到了该种疾病的症状，那么这些病人就可以获得联合利华的补偿。公司的法律文书还引述将这种补偿机制作为公司修复消费者信任的最好的行动之一。

根据长达六个月的内部调查所得出的结论，联合利华加强了其食品开发的批准程序，重新调整组织结构以改善跨境分享科技信息的方式。普兰塔疾病的爆发可能已经很久了，但在那样一个食品污染危机频仍的年代，其中仍有很多值得我们学习的东西。

“所有的新一辈都需要了解这些历史教训，知道过去到底发生了什么，但也要思索这些历史事件对现代的启示。如果明天它发生在我身上该怎么办？如果我处在一个小区域中或健康保护局中心，我应该做些什么？我是否应该让X公司的执行董事加入我的危机应对团队？我是让他变成盟友还是宣布他是敌人？”

阿诺德·博斯曼

普兰塔再也没有进入荷兰市场，但人造黄油品牌还在包括邻国比利时的其他几个国家售出。从某种程度上来说，联合利华已经从普兰塔的事情中恢复过来了，公司享有令人羡慕的企业声誉。职业社交网站领英在2012年10月发布的研究将联合利华排为世界最理想的就职公司的第5名。它每年在研发方面投入10亿欧元，在20个国家雇佣6000多人从事研发工作。最重要的是，联合利华认识到如果产品配方出现失误他们将面临的是什么样的后果。

太注重装扮了——伯宰船长和芭比肯的返老还童

“我们需要一只北极熊来完成这位长寿的白胡子水手的工作，这水手的脾气不太好，却有着孩子们喜欢的用航海术语捕获海鲜的天赋。”伯宰（Birdseye）船长——或是在其他市场上被人熟知的冰屋（Iglo）船长——首次出现在冷冻鱼商业广告中的时间可以回溯到1967年。他穿着商船水手的制服，看起来像是一个海上圣诞老人从事着船上娱乐官的暑期工作。在20世纪70年代早期短暂的上岸休假之后，这个和蔼可亲、头发雪白的品牌吉祥物被重新带上船，以促销更多的鳕鱼。他在英国家庭中印象如此深刻，以至于在1993年的一次民意调查中，这位虚拟的捕鱼者形象被选为最受认可船长的第二名，仅次于探险家詹姆斯·库克（James Cook）。但是，当扮演这一形象30余年的约翰·休沃（John Hewer）1998年选择退休时，伯德兹·艾伊（Birds Eye）抓住了这个改造吉祥物的机会。原本这位年老的伯宰船长脸上的胡子比漂白过的帆布还要白；新造型的年轻船长却黝黑英俊，有着修饰有型的短胡子，明显更像是一名海上动作英雄。这位年轻而有活力的船长和他的宠物鹈鹕（Pedro）甚至还有一个短命的卡通造型。然而，就像一位整形外科医生只有一天休息日那样，消费者发现这个试图年轻化的设计并没有什么吸引力。就公众而言，熟悉感已经告诉他们伯宰船长应该是什么样子的……他应该就是一位饱经风霜的老水手。

一旦品牌人物形象被很好地建立起来，要对其进行根本性的改变通常就会遇到阻力：尽管伊安·麦克莱恩（Ian Mckellen）爵士已经是一名多才多艺的演员了，但他要是出演牛奶吧小孩（Milky Bar Kid）的角色就会很糟糕；把托尼豹的形象放在一包香甜粟米片上也可能会引起强烈的不满；让莲莎·露夏恩（Lindsay Lohan）扮演快乐绿巨人呢？我想肯定不行！所以，伯德兹·艾伊邀请了一位新的面貌相像的年长演员来代替休沃。这个品牌形象再一次变成了带着海盐味的老水手，他的胡子像海浪的泡沫一样洁白，这才是公众喜欢的那个样子。傲慢的年轻人根本不会想着要成为一艘破船的主人。当船长的形象在2010年最终成为历史时，图标的形象就变成了一个简单的名叫克拉伦斯（Clarence）的北极熊。这只北极熊是以冷冻食品的发明者和企业创始人克拉伦斯·伯宰（Clarence Birdseye）的名字命名的（顺便提一下，他的骨灰已经被撒入大海），这一形象要比穿着他衣服的年轻人更有说服力。

然而，就这种鲁莽的形象改变来说，没有什么比1993年玩具制造商美泰公司（Mattel）的玩偶做得更过分的了，这个塑料家伙长得有点像同性恋者。戴耳环的魔力肯（Ken）是芭比的男伴娃娃，看起来有着印象中美国同性恋者夜生活的夸张风格。他穿着华丽的无袖淡紫色的聚氯乙烯（PVC）材料夹克，搭配着紧身网状T恤。这个肯先生不像粗犷的美国大兵，他的头发被装扮成高调的金色，并且一看就对如何化妆了如指掌。而且，他还真正懂得如何配饰打扮。除了戴着单侧耳钉之外，芭比的这个男朋友还戴着一条挂着环形珠宝的项链——许多媒体评论员都很乐意把它称为“持久环”。这些性感的项链装饰品在当时的同性恋酒吧里很流行。鉴于芭比娃娃的核心目标市场是3岁以上的小女孩，这对美泰公司来说是其所选择的一个出人意料的时尚方向。

戴耳环的魔力肯一经推出——就像他本来那样——同性恋者们就一窝蜂地抢购这些娃娃来作为媚俗的纪念品。尽管销售出奇的好，但是美泰公司却发现自己陷入了令人不安的争议之中。一方面，他们不想因为一个被越来越多的人称作是“同性恋肯”的娃娃而去冒疏远保守的美国中年人的风险；另一方面，公司也受到一些美国同性恋群体知名成员的批评。在西雅图报纸《陌生人》的一则报道中，丹·萨维奇（Dan Savage）写道：“同性恋肯的高销量是标志着同性恋文化渗透到流行文化中，还是同性恋文化被异性恋文化轻率地利用，这取决于你自己的看法。”这种争论根本就不是美泰公司在赋予肯时髦外表以吸引20世纪90年代的孩子们时想要达成的结果。戴耳环的魔力肯很快就退出了市场。现在，他们会谨慎对待将芭比的男性朋友置于同性恋酒吧的情境中这样的创意。

窍门和教训

● 对于主要产品或品牌策略进行任何重大改变之前，都要对消费者的意见进行调研。

● 但是要谨记，这些调研尤其是关注面很狭窄的调研，并不能了解全部答案——所以心中要有更为宽泛的考量。

● 只能把那些进行过彻底检测的重新调整配方的产品推入市场，并确认配方调整是安全和有益的。

● 永远要明白你的立场。

● 那些对于忠实消费者不利的改变可能会引起强烈抵制。

结论

社交媒体时代的主要风险

公众对品牌的关注程度是前所未有的。品牌是我们社会身份的标记——无所不在而又让人梦寐以求。它们能够帮助我们做出购物决定，并在判断他人时发挥作用。伟大的品牌，不管是好还是坏，都使得这个世界成为一个更加同质化的地方。可以说，在我们的生活中，品牌观念变得比以往更加根深蒂固。红罐可口可乐傲娇地置于全球各地的货架上，这是在苏联的红旗被送到相当于古拉格（gulag）劳改营的博物馆很久之后，作为最为持久的营销成功的象征。但是，尽管在意识形态战争方面取得了很大程度的胜利，使得强势品牌可以在国际上进一步成功，但是它们并非是不会遭受挫折的。

人们期待从品牌中得到更多的质量、满足和体验。他们有一种占有欲，这不仅因为其花掉了辛苦赚来的钱，而且还来自于情感联系方面的投资。对销售人员来说，一切进展顺利是件美妙的事。如果消费者感到失望或愤怒，那就另当别论了。人们会做好准备转向媒体来攻击他们认为有问题的品牌，这种事情一再发生。这是一种新常态。如果埃兹尔发布新车型的时候推特和脸书已经存在，那么毫无疑问，福特也会被社会媒体抨击的浪潮所淹没。如果宝莹洗衣粉之争在今天重演，被洗烂的衣服的照片就会充斥于英斯达（Instagram）和瓦因斯（Vines）这样的社交媒体而让品牌受损。

营销人员仍然会犯他们总是犯下的同样的错误，这也是为什么要学习如何避免基本性错误的原因是最重要的，不然就会出现胡佛免费航班促销变成可怜的惨败这样的错误。历史不应该被摒弃；它可以教会我们很多东西。然而，正如本书中一再展现的这些例子，营销本质已经在社交媒体时代被彻底改变了。品牌现在必须要对公众舆论负责，一些欠考虑的情况可能令品牌声誉迅速受到巨大伤害。在近些年的营销灾难中，社会媒体作为致因无处不在。它要么是一个事件的导火索，要么令这个问题更加严重。在社会媒体带来的压力之下品牌如何采取行动正是《伟大品牌的重大错误》这本书所反复重现的主题。在混乱而狂热的网络环境中，居住着武断、偶尔还很野蛮的巨魔，而正是那些在碰到问题时能开放、坦诚、负责并尊重顾客的品牌可以进行最佳的应对。其他那些受到重大错误打击的品牌，以不同的方式来避免这种破坏性的重复攻击。探索他们如何回应以及他们做了哪些改变，可以让我们了解自己的意图是否明智。

在市场营销中犯错的机会史无前例地加大了。吸取在前述各章中出现的丰富教训，无疑将减少这些错误发生在自己身上的风险。正如本书所展示的，犯错不一定是致命的。世界上许多最伟大的品牌都犯过错误，只有重新振作起来才会比之前更强大。耻辱不在于失败，而是不能从失败中学到经验。

致谢

写这样的一本书，从很多方面来说都是共同努力的结果，没有无数个有才干、聪慧和博学的人的帮助，恐怕也难以完成。我非常感激与我分享时间和知识帮我研究并完成这项工作的每一个人。

首先，我要感谢书中所引用到的那些人。他们的洞察力、坦率以及——那些重新回述他们职业生涯中尴尬时刻的人——专业的勇气都令人敬重并富于启迪。在一本我经常打趣的书中，我希望所涉及的每一个人也能感受到我一直为公正所做的尝试。我的感激之情送　给：Matt Anderson，Pete Blackshaw，Arnold Bosman，Michael Choo，Harry Cichy，Gus Desbarats，Richard Edelman，Mark Kimber，Bettina Klinken，Allan Leighton，Rob Manuel，Paul Nleuwenhuis，Liz O' Neill，Jan Rogers Kniffen，Bernd Samland，Laetitia Sorribes，Simon Talbot，Keith Wells，Rainer Westermann，Adrian Wheeler，以及 Jamie Woolley。

此外，无数的人在幕后提供了帮助，给予了有价值的指引、明智的意见，并提供了必要的信息、资源和有用的联系。我尤其要感谢：Boris Barth，Kathryn Bishop，Stef Brown，Stephen Cooles（恐怕我必须要为另外一本书而先玩一玩“拯救钢笔岛”的游戏了），Michael Fineman，Ginny Gray，Mirjam Gulmans，James Herring，Robin Hicks，Pavel Melnikov，Trevor Morris，Silvy Peeters，Sherif Shafie，Alejandro Tripoli，以及 Johnny

Wilson。

我衷心感谢乔恩·芬奇（Jon Finch）委托我写这本书，感谢他在推动此事中的巨大支持和热情，还有在班伯里共享的欢乐午餐。感谢休·布伦（Hugh Brune）的鼓励、敏锐的观察力以及在结构和导向方面深入的建议，让本书完成得更好。

对于那些我所遗漏的人，请接受我深深的歉意——如果可以，请您对以下自嘲一笑置之：毕竟，这是一本书写重大的错误、疏忽、愚笨和不良结果的书。

也谢谢我的孩子们，在长期的写作中他们给了我“具有创造性建设意义”的干扰，特别是我的女儿艾比（Abbie），我们在后花园玩动画片《粉红猪小妹》里的游戏时实在太投入了，结果我因为一只球而摔跤并折断了小手指，这让我在交稿截止日前为了赶稿而不得不疯狂打字，从而提升了我的打字速度。做得好，艾比。